歴史文化ライブラリー
114

第二次世界大戦

現代世界への転換点

木畑洋一

吉川弘文館

目次

心のなかの戦争

記憶された戦争・忘れられた戦争

ガーンジー島の出来事

今から一〇年ほど前、一九九〇年も終わろうとしていた一二月の半ば、ロンドンの小さな劇場で一つの劇を見た。ナチス・ドイツによる迫害を逃れてウィーン（オーストリアは一九三八年春からナチス・ドイツの支配下に入った）からイギリスに亡命してきた女性の物語である。彼女は、イギリス本土で乳母として働いた後、チャネル諸島（フランスのノルマンディ沖のイギリス海峡にあり、距離はフランスに近いが、自治権をもちつつイギリスと結びついた島々）のガーンジー島に渡ったところ、この島がドイツの占領下に入ったため、結局アウシュヴィッツに送られ、そこで死を迎えることになったのである。

これは、ガーンジー島で現実に起こったテレーゼ・シュタイナーという女性の運命を題材とした戯曲であり、そこで彼女の死への責任ありとして告発されていたのは、占領軍に協力して彼女を強制収容所に送った島の当局者たちであった。しかし、この戯曲が上演された時点では、ドイツ占領下でのこの問題をめぐる史料は、公になっていなかった。それが公開されたのは、一九九三年一月のことである。第二次世界大戦期に関するイギリスの公文書公開は七二年一月に行われたから、それからでも二〇年以上遅れていた。この史料公開について新聞は、「島民がナチのユダヤ・ハンターを援助」(『ガーディアン』)とか「ガーンジーはユダヤ人を裏切ってナチスに渡す」(『ザ・タイムズ』)とかいった見出しをつけた記事で報道した。多くのイギリス人は、この時点ではじめてこの問題について知ったのである (Madeleine Bunting, *The Model Occupation. The Channel Islands under German Rule, 1940–1945*)。

ガーンジー島から強制収容所に送られて殺されたユダヤ人は三人であり、第二次世界大戦期における六〇〇万人といわれるユダヤ人犠牲者の数からいえば、微々たるものである。

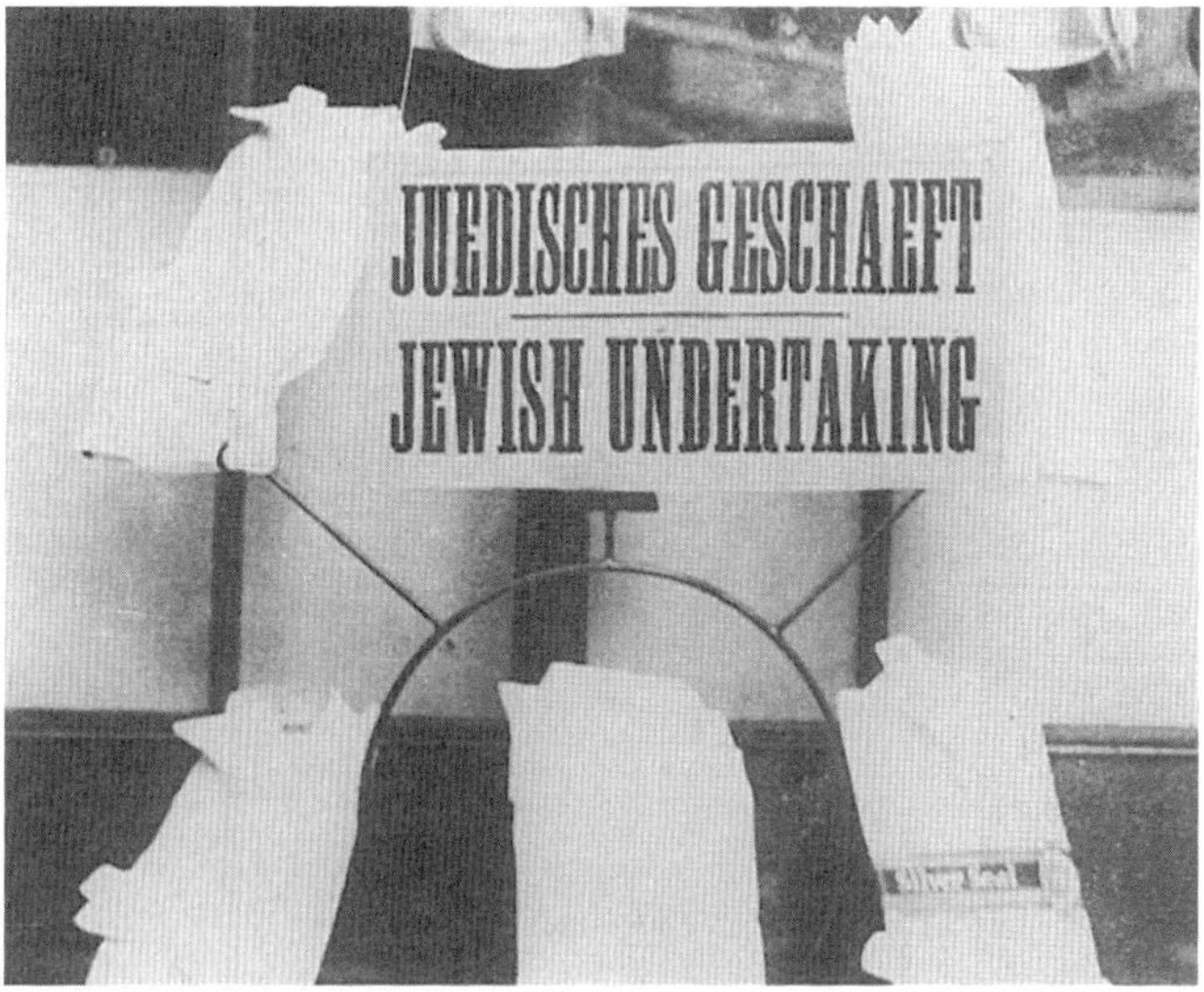

図1　ドイツ占領下のチャネル諸島で，ユダヤ人の店を示した標識
（Asa Briggs, *The Channel Islands. Occupation and Liberation 1940-1945*〔London, 1995〕より）

しかし、この報道に関心を払ったイギリス人（その数は決して多くはなかったであろうが）には、この出来事はショックを与えた。イギリス人の大切にする戦争の追憶が、これによって揺すぶられたからである。

ほとんどのイギリス人にとっての第二次世界大戦の記憶とは、一九四一年半ばまではほぼ単独で、さらに四二年以降は反ファシズム連合国（英・米・ソ連など）の中心として、ファシスト諸国と戦った記憶であった。一九四〇年五月末から六月初めにかけて、イギリスの大陸遠征軍はフランス軍とともにダンケルクから英仏海峡をこえてイギリスに撤退したが、負け戦さにほかならないこの撤退作戦についても、その成功を支えた「ダンケルク精神」なるものがイギリス人の戦争の記憶のなかに強く刻み込まれた。また、四〇年七月からのドイツ空軍による空襲に耐え抜いたこと(「ブリテンの戦い」)も、イギリス人の大戦についての記憶の中核に座ることになった。

イギリス人にとって、現在そうした大戦の記憶を喚起させるものは、たとえば「ブリテンの戦い」による被害の象徴となっている、コヴェントリ(イングランド中部の都市)大聖堂の空襲で破壊された残骸(その傍らに一九六二年新たな大聖堂が完成したとき、ベンジャミン・ブリテンの「戦争レクイエム」が作られた)である。

距離的に国民のほとんどから離れた所で起こった事態であったとはいえ、自国と結びついた島においてナチス・ドイツに協力してユダヤ人迫害が行われていたことは、イギリス人のそうした戦争記憶の外に置かれていたのである。

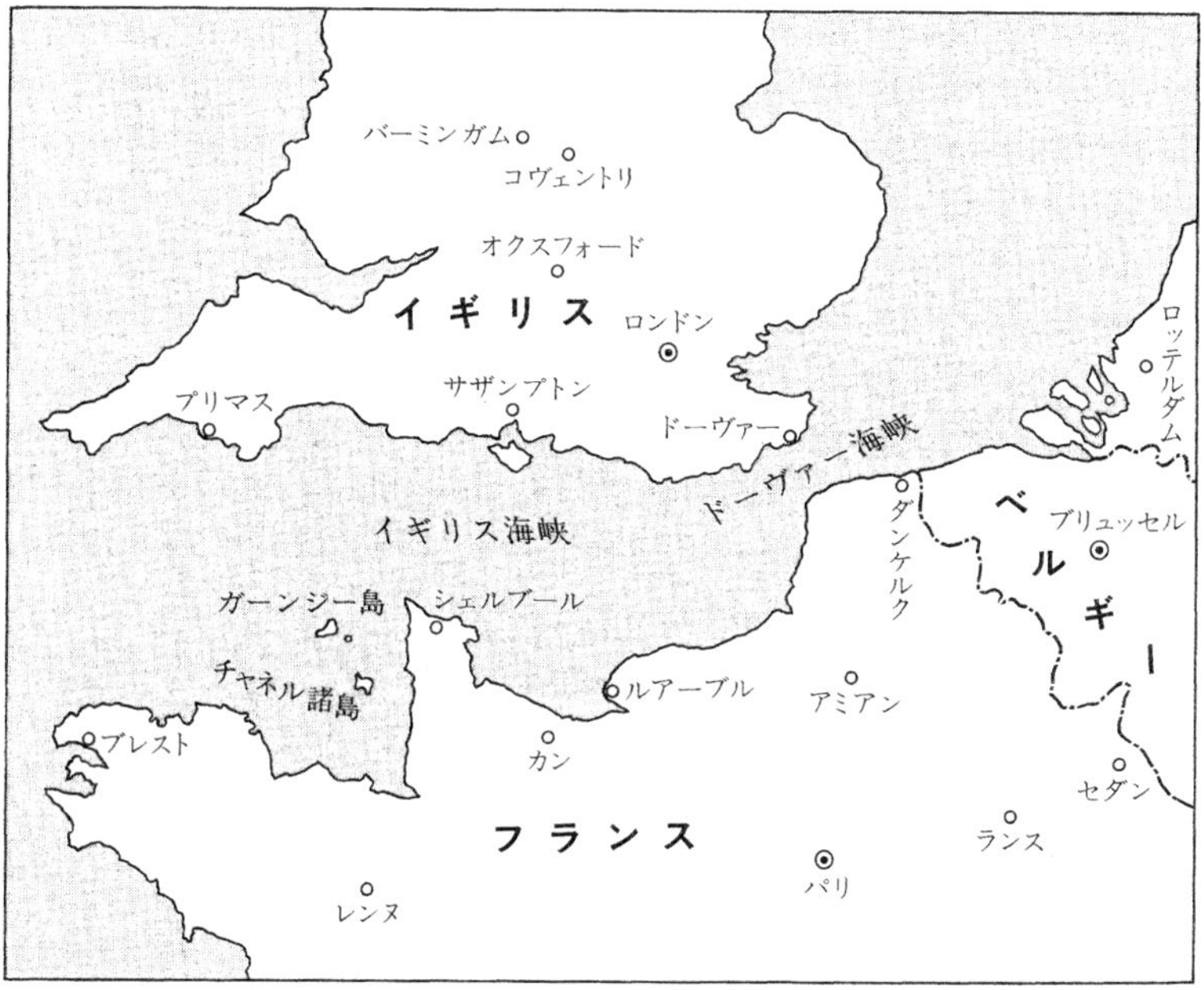

図2　イギリス南部・フランス北部

戦争の追憶をめぐる闘争

第二次世界大戦が一九四五年に終わってから半世紀以上が経過した現在、世界の人口の大半を占める戦後生まれの人間にとって、大戦は自分の生とは直接のつながりのない「過去」としての出来事になっているかにみえる。しかし、他方では、世界の少なからぬ人々にとって、戦争は自らの生と直接に結びつき、それを大きく規定した「同時代」の出来事でありつづけている。

このイギリス人の戦争記憶とチャネル諸島の出来事との関係は、「同時代性」がまだ色濃く残りながら「歴史化」が進んでいるという、第二次世界大戦の位置を示すひとつの事例にすぎない。「同時代性」に規定された戦争の記憶は、一面において明確なものでありながら、他方では、さまざまな神話やタブーをも伴い、選択的な記憶という形をとりがちである。そうした記憶のあり方は、「歴史化」の過程のなかで、いろいろな局面からの挑戦を受ける。選択的な記憶の陰に隠されたり、「意識的に」忘れられたりしていた事実が想起される場合もある。あるいは、「歴史化」=記憶の「客観化」という言い分のもとに、記憶の歪曲が図られる場合も出てくる。

英雄的な対独レジスタンスのイメージが、第二次世界大戦についての人々の歴史的記憶の中核に座っていたフランスにおいては、一九七〇年代以降、ヴィシー政権（一九四〇年六月の敗戦後、フランスはドイツ占領地域と、ヴィシー政権支配下の地域に二分されたが、ヴィシー政権も対独協力政権だった）の行為に関心が寄せられはじめ、八〇年代になると、ヴィシー政権下でユダヤ人迫害にフランス人自身が積極的に関与していたことが公然と論議されるようになった。そして九〇年代になってからの、対独協力主要人物を対象とした裁判（トゥヴィエ裁判とパポン裁判）などは、フランスの世論の強い関心をこの問題に向けさせたのである（渡辺和行『ホロコーストのフランス　歴史と記憶』）。

ドイツにおいては、一九八〇年代中葉に「歴史家論争」と呼ばれる論争が、広くマスメディアをも巻き込んで展開したが、その論争に火をつけたエルンスト・ノルテは、ナチスによるユダヤ人虐殺は決して世界的にみてユニークなものではなく、ボリシェヴィキやカンボジアのポル・ポトなどによる二〇世紀の他の大量殺人と比較可能な出来事であったとして、ユダヤ人ホロコーストについての歴史的記憶の「修正」を求めることによって、大戦の記憶の「歴史化」を図ろうとした（J・ハーバーマスほか『過ぎ去ろうとしない過去ナチズムとドイツ歴史家論争』）。同時にその反面、八〇年代以降、従来ユダヤ人虐殺に集中しがちであったナチス・ドイツの残虐性についての視線が、ドイツ人自体をも含む身体的・精神的障害者を対象とする「安楽死」政策などにも向けられるようになったことにも注意する必要がある。

また一九九〇年代の日本では、いわゆる「自由主義史観」による大戦史の「見直し」の試みが広がった。大戦についての日本人の歴史的記憶が、日本の戦争責任を問う極東軍事裁判に体現された「東京裁判史観」によって規定されてきたと批判する人々が、大戦は日本によるアジアの解放戦争であったとの主張も交えつつ、戦争正当化の議論を行ったのである。この動きは、「従軍慰安婦」問題や、日本軍による連合国戦争捕虜の処遇問題など、大戦に関する日本人の歴史的記憶からそれまで除外されていた問題が浮上してきたという状況への対応として活発になったとも考えられる。

世界大の戦争・それぞれの戦争

世界大戦としての広がり

第二次世界大戦についてのこうした記憶は、世界のいたるところで、さまざまな形をとりつつ「同時代性」と「歴史化」のせめぎあいのなかにある。戦争の記憶の地理的広がりは、とりもなおさず世界大に拡大した戦争としての性格を反映したものである。

二十世紀に人類は二つの世界大戦を経験したといわれるが、第一次世界大戦はあくまでもヨーロッパ中心の戦争であった。一九一四年から一八年までつづいた戦争が、ヨーロッパにきわめて大きな傷跡を残したことは、たとえば、現在でもイギリスにおける戦死者の慰霊が、第二次世界大戦ではなく、第一次世界大戦が終わった時期（第一次世界大戦の休戦記念日一一月一一日に最も近い日曜日が、「戦没者追悼記念日」となっている）に行われることにも示されている。一方その戦争のアジアにおける影は、はるかに薄いといってよい。

しかし、二つ目の大戦の広がりはそれとは明らかに異なった。

一九四一年一二月、日本軍による対英米開戦の直後、ヨーロッパで戦争に中立を保っていたスイスの新聞『ナツィオナル・ツァイトゥング』は、その点を次のように論じた。

一二月七日〔真珠湾攻撃は米国の現地時間では一二月七日だった〕の日米開戦によって、数年前から（中国では一九三七年に、ヨーロッパでは一九三九年に）始まっていた武力対決が結合して、ついに真の世界大戦となった。今日世界に広がっているこの戦争こそ、世界大戦の名に値する最初の戦争であるとさえ、かなり確実にいうことができる。一九一四〜一八年の「世界大戦」は、ほぼもっぱらヨーロッパや近東で戦われたのであり、それ以外の地域で起こった戦闘は副次的な意味しかもたなかったのである。一九一四〜一八年にドイツの植民地を獲得するため、アフリカや東アジアで行われた戦いは、戦争の成り行きにほとんど影響を与えなかった。また当時の海戦は、主としてヨーロッパ大陸に面した海域で行われた。それと全く対照的に、今日ではヨーロッパだけではなく太平洋も戦争の最前線となっている。世界史上初めて、地球全体がひとつの戦場となったのである。(佐々木隆爾ほか編『ドキュメント　真珠湾の日』。〔　〕は引用者注)

もとより一九四一年一二月の時点でこの論説の筆者は、こうして始まった世界大戦が、それから三年以上つづき、先の大戦をはるかに上回る犠牲を人類が払うことになるとは知る由もなかった。しかし、「世界史上初めて、地球全体がひとつの戦場となった」という表現には、そうした事態への予見がこめられているとも感じられる。この論説が鋭く指摘するように、四一年一二月、日本軍による真珠湾攻撃(およびそれに一時間ほど先だった英領マレー半島のコタバル攻撃)によって、人類にとって未曾有《みぞう》の規模の戦争、第二次世界大戦の幕は切って落とされたのである。

歴史教科書を含め多くの歴史叙述では、一九三九年九月のドイツによるポーランド侵略、それをきっかけとする英仏の対独宣戦をもって、第二次世界大戦の開始としている場合がほとんどであるが、その通説は一考を要する。三九年九月に始まったのは、あくまでも第二次世界大戦の一部をなすヨーロッパでの戦争であった。そのとき、アジアではすでに二年以上にわたって日本と中国の間の戦争（日中戦争）が進行していた。このアジアの戦争とヨーロッパの戦争が結びついたとき、第二次世界大戦が始まり、戦争に直接巻き込まれたり戦争の影響を受けたりする地域は、まさに世界大に拡大していったのである。そういった文字どおりの世界大戦としての性格に常に注意を払って、この戦争の様相を検討してみることが必要であろう。

付言しておけば、一九四一年一二月以降を真の意味での世界大戦とみるという主張は、それ以前の時期について、アジアでの戦争とヨーロッパでの戦争を別個のものとして考察していくべきだという議論ではない。反対に、四一年一二月に世界大戦が始まる条件は、それまでのアジア情勢とヨーロッパ情勢の密接な連関・連動のなかで強まってきていたのである。その点は、次章以下の本書の叙述においても、繰り返し強調されることになろう。

地域ごとの戦争

いうまでもないことであるが、第二次世界大戦が世界に広がった戦争であったといっても、戦争への関わり方、戦争の体験の仕方は、それぞれの地域によって大きな相違をみせた。一九六〇年代初めにナチス・ドイツの戦争責任を相対的に軽減する議論を展開した『第二次世界大戦の起源』を公刊して、激しい論争

〈テイラー論争〉を引き起こし、後に大戦の通史も著したイギリスの現代史家A・J・P・テイラーは、ある書簡のなかで、この点について次のように述べている。「それ〔第二次世界大戦〕を一個の個別の歴史として書けるだけの力が自分にあればなあと思っています。戦争の中のポーランド、戦争の中のドイツ、戦争の中のフランス、戦争の中のイギリスを描いて、それらをまとめるのは読者に任せるのです。結局のところ、抽象的な第二次世界大戦などといったものはありませんでした。存在したのはそれぞれの国に関わる戦争であり、おのおのの戦争はすべて異なっていたのです」(A. J. P. Taylor, *Letters to Eva 1969-83*)。

さらにつきつめてみれば、戦争への関わり方は、個々人それぞれによって違っていた。しかしそこまで細分化せずに国ごとの体験をとってみても、テイラーが指摘するように、おのおのの国の戦争はすべて異なっていたのである。国土が直接戦場になった国や占領された国があると思えば、アメリカのように大量の兵士と物資を戦争のために注ぎ込みながら自らの国土が戦場にはならなかった国もある。直接戦場となったヨーロッパ、北アフリカ、中東、アジア・太平洋の諸地域では、戦闘による殺傷、空襲による人命・物資の大量破壊、占領に伴うもろもろの行為などによって、人々の生活は深く広く変えられていった。

他方、直接の戦場からは最も遠かった地域、たとえば南部アフリカや南アメリカの人々の体験はまた異なっていた。こうした地域からも多くの人々が戦線に出ていったことを忘れてはならないが（南アフリカ連邦はイギリスに協力してアフリカ人やカラードをも多く含む兵士を戦場に送ったし、ブラジルも四二年八月に独伊に宣戦し、その後ヨーロッパ戦線に軍隊を派遣した）、そこでの大多数の人々にとっての大戦経験は、戦場となった地域の人々の体験とは大きく異なるものとなった。

第二次世界大戦の歴史を書くことは、それぞれ異なった条件のもとで戦争に巻き込まれた世界の各地域の様相に十分に留意しつつ、そうした多様な体験が絡み合って世界大の戦争としての構造をつくりあげていく過程を描くことにほかならない。現在進行している「同時代性」と「歴史化」のせめぎあいのなかでの、大戦の記憶の検証は、そのような大戦研究に結びついていく可能性をもっている。しかし、本書で取り上げうる地域は限られており、またそれぞれの地域についての言及もきわめて断片的なものにならざるをえない。最もよく論じられることになるのは、筆者が研究の対象としているイギリスである。これらの点をあらかじめお断りしておいたうえで、本書では、第二次世界大戦の世界大戦としての様相を、できる限り描き出していきたい。

世界大戦への道

アジアの戦争

発火点としての満州事変

「一九三一年という年は、一つのきわだった特徴によってそれ以前の年とは違っていた。一九三一年には、世界中の男女が、西欧の社会システムが崩壊し動きを止める可能性について真剣に考え、公然と論じあっていた」。一九三二年に出版されたイギリスの王立国際問題研究所の『国際問題概観一九三一年版』は、こうした記述で始まっている。ここで問題とされているのは、いうまでもなく世界恐慌のもとでの社会の激しい動揺である。二九年にニューヨークのウォール街ではじまった恐慌は、まず植民地・従属地域に広がり、次いで中進資本主義国を襲い（日本で恐慌の兆候があらわれはじめたのは三〇年春ころであった）、最後に先進資本主義国を巻き込んだ。西欧列強の中で恐慌の打撃を受けるのが遅かったフランスの場合、その影響が真に実感されたのは三一年後半のことである。

三一年九月一八日、中国東北部（満州）で日本の関東軍が柳条湖《りゅうじょうこ》近くの南満州鉄道（満鉄）線を爆破しておきながら、それを中国側の行ったこととして軍事行動を開始したとき、世界はこのように恐慌のただなかにあった。九月二一日にはイギリス政府が金本位制停止を発表するなど、各国は恐慌への対処に追われ、東アジア情勢のこの変化に積極的に介入する余裕をもたなかった。また、恐慌に直接巻き込まれることを免れていたソ連も、第一次五ヵ年計画の遂行に尽力するなかで、日本との対決を回避する姿勢をとった。第二次世界大戦につながる国際的危機の連鎖の発端となる満州事変は、こうして侵略国日本にとって好都合な国際環境のなかで展開していくことになったのである。当時日本陸軍の軍務局員であり、陸軍中央における強硬派の一人であった鈴木貞一《ていいち》の回想によれば、それまで陸軍中央は国際関係に注意を払ってはいたものの、よしんば満州で日本が武力発動をしても、行動を満州に限定する限りは大きな国際問題とならず、国際連盟は言葉で騒ぐのみで実力をもって日本の行動を阻止することはないであろうし、連盟外の米ソも積極的に日本を抑える対応には出ないであろう、との予測を抱いていたという（木戸日記研究会・日本近代史料研究会編『鈴木貞一氏談話速記録』上)。その予測は的中したといってよい。

事実、世界の列強は柳条湖事件以後の日本の行動を阻止するような措置をとることはなかった。その状況下に、当初不拡大方針をとっていた日本政府も、侵攻範囲を次々に拡大する軍部に引きずられる形で中国侵略にのめりこんでいき、三二年二月には、ほぼ満州の全域を占領するにいたり、翌三月には「満州国」の建国が宣言された。その後も日本軍の活動は終息することなく、三三年春には熱河省を占領し、さらに万里の長城の線を越えて南下する勢いを示した。この動きは、中国側からの交渉申し入れによる塘沽《タンクー》停戦協定(一九三三年五月)の締結でひとまずおさまったが、こうして東アジアの一角で露骨な侵略活動が成功したことは、第一次世界大戦終結以降、平和への意向が広がっていた世界に、新たな戦争への道を用意することになった。

十五年戦争?

満州事変が世界大戦への道の大きな画期となったということは、次の二つの点に示されている。

一つは、この満州事変を皮切りとして、日本が中国侵略を拡大していき、一九三七年七月からは日中戦争を開始、四五年の敗戦まで中国大陸での支配地域を維持しつづけたことである。この点に着目して用いられる戦争の呼称が、十五年戦争である。一九五六年(それは「もはや『戦後』ではない」という表現を『経済白書』が使った年でもある）にこの呼称を使い始めた鶴見俊輔によると、一九三一年から四五年にわたる戦争を一つのものとしてとらえるためにこの表現を思いつくにあたっては、ナチ体制を逃れてドイツからアメリカに亡命した歴史家シグムント・ノイマンが『現代史――未来への道標』（原著は一九四六年出版）で第一次世界大戦から第二次世界大戦までをまとめて三十年戦争と呼んでいることから、ヒントをえたという（鶴見俊輔『戦時期日本の精神史』）。ヨーロッパの事態が一九一四年から四五年までひとつづきのものと考えられるのに対応する形で、アジアの情勢を、日本の侵略過程を軸として一五年間（正確には一四年間だが）ひとつづきにとらえるということは、歴史の流れを大きくつかんでいくうえで有用であるとの考えが、ここには見られる。

日本の中国侵略姿勢が日清戦争時から第二次世界大戦の終結時まで一貫していたとして、「日中五十年戦争」という歴史認識をもつことが必要であるという主張も、近年行われてきている（中央大学人文科学研究所編『日中戦争　日本・中国・アメリカ』）。確かに、アジアにおける日本の対外政策の軌跡をとらえるうえでは、そのような認識が必要であろうが、「五十年戦争」という表現は、具体的な歴史過程をあらわす呼称としてふさわしいとは思われない。それに比べて、十五年戦争という呼び名ははっきりとした時代イメージを提示してくれる。この表現を用いれば、ヨーロッパでの三十年戦争とアジアでの十五年戦争が一九四一年末に結び合わさったところで、真の世界大戦としての第二次世界大戦が始まったともいいうるのである。

ただし、十五年戦争という言葉を用いることによって、満州事変以降の日本の侵略過程を一筋のものとして強く描きすぎてしまうことには、問題もある。満州事変後の国際関係における別の道の可能性、選択肢の存在可能性についての過小評価につながる危険性が出てくるのである。後に述べるように、筆者は三〇年代中葉にアジアでの戦争の道における選択肢がありえたのではないかという見方をしているが、そうした留保をしたうえでなお、第二次世界大戦へと世界がなだれこんでいく道の起点としての満州事変の意味の大きさは改めて強調しておきたい。

ヨーロッパからの視線

それは、次に指摘する第二点目、アジアの情勢のヨーロッパへの影響という点に関わる。

先にも触れたように、満州事変に際して世界の列強は日本の行動が局地的なものに終わると見て、日本に対して宥和的な姿勢をとった。とりわけイギリスの場合にはその姿勢が顕著であった。一九三二年一月末から日中間の戦闘が上海（中国でのイギリスの権益が集中していた地域）に及んだときには、日本の行動への警戒心が高まり、イギリスが比較的強い態度で日本に臨むという事態が生じたものの、そうした状況も一時的なものに終わった。三二年一月初めに、武力による現状変更を承認しないという方針を明らかにする国務長官スティムソンの宣言（スティムソン・ドクトリン）を発したアメリカも、現実の行動では、日本への宥和的姿勢が基調となった。

このような列強の対日姿勢の背景には、中国での民族運動への対抗者としての日本をめぐる、同じ帝国主義国としての共感ともいうべき要素があった。イギリス海軍省情報部の一文書は、年上の者に石を投げつけておいて乳母や母のスカートの陰に隠れようとする子供に中国をなぞらえて、「挑発的な子供」としての中国民族運動への反感と、「挑発されて忍耐の緒を切らした」日本への同情を示していたが（イギリス海軍省文書）、こういった見方は決して珍しくなかったのである。

一方、アジア国際秩序の再編を図る日本の動きに、ヨーロッパからさらにいっそう積極的な関心を寄せる人々もいた。たとえば満州事変勃発の直後、一九三一年一〇月二日に、イタリアのファシスト大評議会（これは当初ファシスト党の最高諮問機関だったが、二八年に制定された法律によって、国家の最高機関となっていた）での演説で、外相ディノ・グランディは、中国に対して言葉の上で同情を示しながらも、国際連盟による制裁を逃れようとしている日本を助けるために効果的な寄与を行うことが必要であると述べた（*I documenti diplomatici italiani*, 7-XI）。

その際グランディは、一九二三年のイタリアによるコルフ島占領という先例について触れている。二三年、ギリシアにおけるイタリア外交官殺害への報復過程でイタリア（当時すでにムッソリーニのファシスト政権が誕生していた）の軍隊がギリシアのコルフ島を占領したことは、明らかな侵略行為であった。しかし、ギリシアの提訴を受けた国際連盟が設置した調査委員会は、イタリアの要求にかなりそった結論をはじめから用意する形で行動したのである。軍事同盟に代わる国際連盟のもとでの集団的安全保障という新たな原理が、小国を大国が侵略し、その大国に他の大国が共感を示している場合（コルフ島占領問題に際しては、当時ルール出兵を行っていたフランスがそれに当たった）に、作動しがたいことを、このコルフ島事件の例は示していたのである。グランディはそれを想起しながら、同様の機会が将来またイタリアに起こってくることを予想し、満州事変に国際連盟が干渉するという「危険な前例」づくりを回避して日本を助けることは、日本のためではなくイタリアのためだと、述べていたのである。

実際、満州事変当時の国際連盟におけるイタリアの姿勢は日本にきわめて有利なものであり、上海事変後、駐伊大使吉田茂は連盟でのイタリアの態度に感謝の意を表している。それに対してグランディは、「〔連盟の〕総会に於《おい》て兎《と》に角《かく》支那側を或程度押へたるは日本の為《ため》好都合なり」と答えたが（『日本外交文書　満州事変』二―二）、この答えには「イタリアのためにも」という含意がこめられていたとみてよい。もっともこのころ、イタリアは日中間で日本の側に完全に立っていたわけではなく、中国では、外交官として在勤していたムッソリーニの女婿（将来の外相）ガレアッツォ・チァーノなどを通じてファシスト党と国民党の間の交流が深まるといった状況も存在していた。したがって、満州事変によって世界大戦へと向かう列強の布陣ができあがったわけでは決してなかったが（ドイツも親中国的姿勢をとっていた）、アジアとヨーロッパの状況が連動する兆候は、確かに生まれてきていたのである。

日本制裁論の様相

満州事変を第二次世界大戦への道の起点としてとらえることは、もしも満州事変での日本の中国侵略が効果的に抑えられていれば、その後の世界の進路が大きく変わったのではないか、という議論につながってくる。歴史の探究において、このような「もしも」という問いを発することには常に慎重さが求められるが、この「もしも」の意味はきわめて大きい。

満州事変勃発直後に、中国の「統一国家建設の要求を真っ直ぐに認識する」必要を説き、「満蒙《まんもう》は、いうまでもなく、無償では我が国の欲する如《ごと》くにはならぬ。少なくも感情的に支那全国民を敵に廻し、引いて世界列国を敵に廻し、なお我が国はこの取引に利益があろうか」（松尾尊兊編『石橋湛山評論集』）と喝破していたジャーナリスト石橋湛山《たんざん》のような見方が日本の国内にもあったことは確かである。しかし、マスメディアの中心であった新聞もあげて侵略支持・排外主義の波に呑まれるなかで、このときこうした主張の影響力は小さかった。

一方、やはり満州事変勃発直後、天皇は元老西園寺公望《さいおんじきんもち》との会見の席で、「どうも国際連盟の問題は気になる。或は経済封鎖でもされたり、それからそれへと考えると、日本の立場は非常にデリケートであって、この際どうなるか頗《すこぶ》る心配である」と、強い懸念を表明していた（『西園寺公と政局』二）。ここで天皇の懸念の対象となっていた国際連盟による経済制裁は、もしも実施されていたとすると、確かにその後の戦争への道のあり方を変えたかもしれない。

第一次世界大戦後につくられた国際連盟が新たに採用した集団的安全保障原則の要諦は、連盟規約の第一六条（戦争行為をなしたと判定された国に対し、他のすべての連盟加盟国が通商上、金融上の関係断絶などの経済制裁を課すことを定めた条項）にあり、現に満州事変後、中国が国際連盟に提訴し、日本に対する制裁措置を求めた時、それへの共感は、連盟に加盟していた小国の間で広くみられた。しかし、武力侵略を批判し、国際連盟が平和維持の原則を守ることを求める小国の姿勢は、英仏などの対日宥和《ゆうわ》姿勢に対抗することができなかった。その無念さを、国際連盟へのアイルランド代表ハーンは、自国の外相宛の書簡のなかで次のように述べている。

国際連盟では、理事会が強硬な方針を打ち出さなかったことに失望し幻滅を感じています。（中略）理事会の弱腰は諸大国が共謀していることを示しています。もし諸大国が日本に対して厳しく警告しようとしたならば、日本はただちに断念したでしょう。諸大国は少なくともこの破廉恥な帝国主義に対して好意的であり、それを非難しようとはしなかったのです。（中略）ご存知ですか、（日本の）拙劣下等な犯罪的な帝国主義的やり口を。われわれはまさにそれと反対の極に立っています。（松尾太郎『アイルランドと日本』）

日本に対する宥和的姿勢の先頭に立ったイギリスの植民地としての歴史（アイルランド自由国は、一〇年ほど前に独立したばかりであった）をもつアイルランド人の眼は、日本と他の大国の関係を鋭く見抜いていたのである。

結局のところ日本に対する制裁はなされなかった。日本による侵略の対象であった中国では、対日経済ボイコットが拡大し、他の諸国でも民衆の間で個人的な日本製品不買の動きなどがみられたものの、これらは経済制裁としての機能はもちえなかったのである。

国際共産主義運動組織コミンテルン（第三インターナショナル）は、各国の共産党に向けて、日本向けの軍需物資の生産・輸送を妨げるよう指示を出したが、各国共産党の実際の動きは鈍かった。これは、国際共産主義運動の方向性にきわめて大きな影響力をもっていたソ連の対日姿勢とも関連していたと思われる。ソ連は当時まだ国際連盟の外にいたが（ソ連が連盟に加わるのは三四年秋である）、イギリスなどと同様、日本に対して宥和的な姿勢に終始していた。ソ連外交史研究者ハズラムの表現を借りれば、「経済的・軍事的弱さから必然的にもたらされた、日本に対する見たところ際限のない一連の譲歩策」をとっていたのである（Jonathan Haslam, *Soviet Foreign Policy, 1930 - 33. The Impact of the Depression*）。

塘沽停戦協定によって満州事変がいちおう終わりを迎えてから、一九三七年七月の日中戦争開始にいたる期間は、次節で検討するように、ヨーロッパでイタリアとドイツが蠢《しゅん》動《どう》を開始する時期であった。第二次世界大戦をひきおこした勢力が、日本に先導される形で出そろった時期である。

「天羽声明」から華北分離工作へ

この間、中国大陸で日本軍の活動は継続していった。もともと満州事変をひきおこした勢力の対外拡張志向は、満州国の設立で満ち足りてしまうようなものではなかった。満州事変開始にあたっての中心人物ともいうべき石原莞爾《いしはらかんじ》は、満蒙の日本領土化は、世界の新たな体系の「中心は日本か米国かを決定するもの即ち世界大戦」と密接不可分の事業として考えていたし、同じく満州事変の立て役者であった板垣征四郎《せいしろう》も、満蒙問題の「解決」を「将来の世界の争覇戦に対する準備の完了」と等置していた（稲葉正夫ほか編『太平洋戦争への道』別巻）。

満州事変終了後の中国における日本の志向性を示したものとして、三四年四月の「天羽《あもう》声明」は重要である。中国での日本の排他的勢力伸長の望みを示唆するこの声明は、いわゆる「アジアモンロー主義」（欧米列強の干渉を排してアジアでの日本の覇権確立を図る姿勢がアメリカのモンロー主義になぞらえられた）の表現であった。そして三五年になると、日本軍は河北省・山東省など華北の五つの省を中国国民政府の統治下から切り離して日本の勢力のもとに置こうとする華北分離工作を強めていった。

この三四年から三五年にかけて、中国で最も大きな権益をもつ国であったイギリスは、満州事変の終息という事態を前提に、中国を場として日本との協調関係を構築しようとする試みを行った。三四年には、当時の大蔵大臣ネヴィル・チェンバレンを中心として、日英間で不可侵協定を結ぼうとする動きが見られ、また三五年には、やはりチェンバレンの意向を体する形で、日英共同による対「満州国」借款《しゃっかん》の提案が日本に対してなされた。日英借款案は、恐慌が深刻化していた中国経済立て直しのために統一通貨をつくる幣制改革への助言者として、イギリス政府から中国に派遣された大蔵省顧問リース゠ロスによって、日本側に提起された。この借款は、満州喪失のいわば代償として「満州国」から最終的には中国に渡されることが考えられており、「満州国」の成立を既成事実として実際上認めたうえで（「満州国」をそれまでに外交的に承認していたのは、ヴァチカンと中米のエル・サルバドルのみであった）、日本との協力関係を築いていこうとする計画であった。

後にみるように、チェンバレンはナチス・ドイツに対する宥和政策の中心的推進者であった。最大の帝国主義国としてのイギリスの地歩を守りつつ、国際秩序の再編を図ろうと

図3　1930年代の東アジア

する国（この場合は日本）に対して一定の譲歩を行っていくことにより、帝国主義的共存を実現していこうとするイギリスの姿勢がここには見られた。しかし、日本政府と軍は「アジアモンロー主義」的志向のもとで、チェンバレンの誘いには乗ろうとしなかった。その結果、三五年一一月における中国幣制改革の断行に、日本軍は華北分離工作の強化で対していくことになる。

分岐点としての佐藤外交？

しかし、このような日本の対中国政策は、そのまま三七年七月からの日中戦争になだれこんでいったわけではない。ここで注目すべきは、一九三七年前半の状況である。臼井勝美などによって指摘されてきている、佐藤尚武《なおたけ》外相（三七年三〜五月在任）がとった外交姿勢（佐藤外交）が、ここでは問題となる（臼井勝美「佐藤外交と日中関係」入江昭・有賀貞編『戦間期の日本外交』）。

佐藤は、イギリスとの協調と親善が日本外交にとってきわめて重要であるとしながら、日中関係を「新しい出発点」から見直すことを提唱した。このような声が、外相個人もしくは外交当局の志向のみを現していたのであれば、さほど重視する必要もないであろう。佐藤外交が重要であったのは、それが日本軍内部での中国政策穏健化の模索と軌を一にしていた点に求められる。

当時、中国では政治情勢が大きく変動していた。華北分離工作と、それと密接に関連した日本の対中国密輸行為の広がり（冀東《きとう》密貿易）は、幅広い中国民衆の間での抗日気運を高め、後述する国際共産主義運動の方針転換による中国共産党の統一戦線政策採用（それまで、共産党は蔣介石《しょうかいせき》に率いられていた国民党勢力を敵視していたが、蔣をも含めた統一戦線での日本への抵抗強化方針に転じた）も働いて、日本の侵略への抵抗が強まっていた。そのような流れのなかで三六年一二月に起こった西安《せいあん》事変後、中国では抗日統一戦線形成への動きが急速に進んだのである。

こうした様相に直面して、日本の陸軍でも海軍でも、中国政策見直しの姿勢が浮上してきた。三七年四月に外務・大蔵・陸軍・海軍の四相決定となった「対支実行策」という文書は、この新傾向をよく反映していた。前年八月に決定された古い「対支実行策」では華北での分治工作に力点が置かれていたのに対し、この新しい案では分治工作が否定されるとともに、中国の内政を乱すおそれのある政治工作も行わないことが明示されたのである（外務省編『日本外交年表並主要文書』下）。

三七年春における軍部や外交当局のこのような姿勢がもった可能性をいかなるものと見るかは、微妙である。日本の対中政策の「部分的修正」にすぎず、大きな歴史の選択肢にはなりえなかったとの見方も強い。しかし、こういった動きが東アジアの国際関係における新たな方向につながる可能性を秘めていたと考えることは可能である。佐藤は在任期間わずか三ヵ月で辞任しなければならなかったし、日本の対中強硬派、とくに関東軍の佐藤外交の方向に対する反発は強かった。したがってこの時点での日本にとっての選択肢について語るには、あくまでも慎重でなければならないが、反面こうした局面がもった意味を過小評価することもまた誤りであると思われる。

枢軸国陣営の形成

画期としてのエチオピア戦争

第二次世界大戦へのアジアにおける道で一九三七年前半がひとつの岐路であったとすると、ヨーロッパにおける戦争への道の岐路は、より早く、三五年秋から三六年前半に訪れたと考えられる。すなわちイタリアのエチオピア侵略の成功が、大きな意味をもったのである。

ちょうど日本の中国侵略姿勢が一八九〇年代の日清戦争時からつづいていたように、エチオピアへのイタリアの侵略欲は、一八九六年のアドゥワの戦いでエチオピアに敗れたときから、ナショナリストの間で脈々と流れてきたといってよい。ムッソリーニに率いられたファシストは、この歴史的文脈の上に立ってエチオピア侵略を準備し（文書として残っている具体的侵攻計画は、一九三二年一一月の植民地相デ・ボーノによるものが最初という)、三五年一〇月三日、本格的侵略が開始されたのである。

ムッソリーニがエチオピア侵略に踏み切るに際して、アジアでの日本の先例がはっきり意識されていたことに、ここでは注意しておきたい。「アビシニア〔エチオピアのこと〕の全面征服」準備への決意をムッソリーニが参謀総長に告げた覚書のなかにも、「われわれの行動がスピーディであればあるほど、外交面でもつれが生じる危険性は少なくなる。日本がやったと同じように、公式の宣戦布告をする必要はまったくないし、いかなる場合にも常に作戦が純粋に防衛的な性格のものであると強調する必要がある」という一節を見出すことができる(Anthony Adamthwaite, *The Making of the Second World War*)。

満州事変の場合と異なり、国際連盟はイタリアの侵略に対して経済制裁措置をとることになった。とはいえ、その制裁の内容はイタリアに打撃を与えるにはきわめて不十分なものであった。たとえば、イタリアに対する輸出禁止品目には、ロバやラクダが入っていたが、自動車やトラックは含まれず、何よりもエネルギー源として重要な石油が禁輸の対象外となっていたのである。したがって、経済制裁はイタリアの行動を止める効果はもちえず、三六年五月九日、イタリアはエチオピア併合を宣言するにいたった。

国際連盟による制裁が不十分なものに終始するにあたっては、連盟内の大国、英仏の消極姿勢が大きな要因となった。両国政府の姿勢は、三五年一二月につくられてすぐに露見したホーア・ラヴァル案（英外相ホーアと仏首相ラヴァルによる、イタリアのエチオピア占領を認める案）によくあらわれていた。北アフリカでの帝国主義大国としてイタリアの動きに最も敏感なはずの英仏がこうした態度をとっているなかでは、制裁強化の可能性は薄かったが、もしも対伊制裁が石油禁輸をも含めてより強力に実施されていたとした場合、いかなる変化が生じたであろうか、という問いを出してみることは許されよう。ムッソリーニは、後にヒトラーに対して、制裁が一週間だけでも石油禁輸に拡大されていたらイタリアにとって悲惨な結果になっただろうと語っているし、イタリア外交史の研究者のなかにも、強力な制裁はムッソリーニの行動をおしとどめ、独裁者たちに戦争政策は割に合わないことを教えたであろう、と議論する者もいる（D. Mack Smith, *Mussolini's Roman Empire*）。日本の満州侵略につづいてイタリアのエチオピア侵略が、侵略者への制裁に消極的な大国の姿勢の前で成功をおさめたことは、このような可能性がついえたことを意味した。それどころか、エチオピア戦争でのイタリアの勝利は、国内でムッソリーニの主導権を強化するとともに、すぐ後にみるようにイタリアと日本やドイツとの間の接近を促し、第二次世界大戦への道を大きく開いていったのである。

「黒人帝国」の惨禍

戦争は、さまざまな惨禍を伴う。満州事変期には、とりわけ上海での戦い（上海事変）の局面において、市民に多くの被害が出た。当時の中国当局の発表では、戦闘によって直接の損害を受けた市民は、八〇万人（市の人口の四五％）に及んだ（石島紀之『中国抗日戦争史』）。

エチオピア戦争は、二〇世紀の戦争の醜悪な面をさらに露骨に示す機会となった。第一次世界大戦にはじめて登場し、多くの人々を苦しめた毒ガスが、それに対する防御策をまったくもたないエチオピアの軍隊や民衆に対して、大量に用いられたのである。エチオピア戦争中にイタリア軍がどれほどの毒ガスを使用したかを正確に知ることは不可能であるが、空軍だけでも、一六〇〇発から二六〇〇発の毒ガス弾を投下したと推定されている。こうした行為は戦争の終結でも終わらず、エチオピア征服に成功した後、ムッソリーニは反乱捕虜の射殺を命ずるとともに、反乱掃討のために毒ガスの使用を勧めた。三九年までに、イタリアに反抗するエチオピア人に対して約五五〇発の毒ガス弾が用いられたとの推定がなされている。エチオピア戦争期から占領期にかけて控えめに見積もっても五〇〇トンにのぼる毒ガスがエチオピア人を襲ったのである（マルコ・ズバラグリ「イタリアの毒ガス

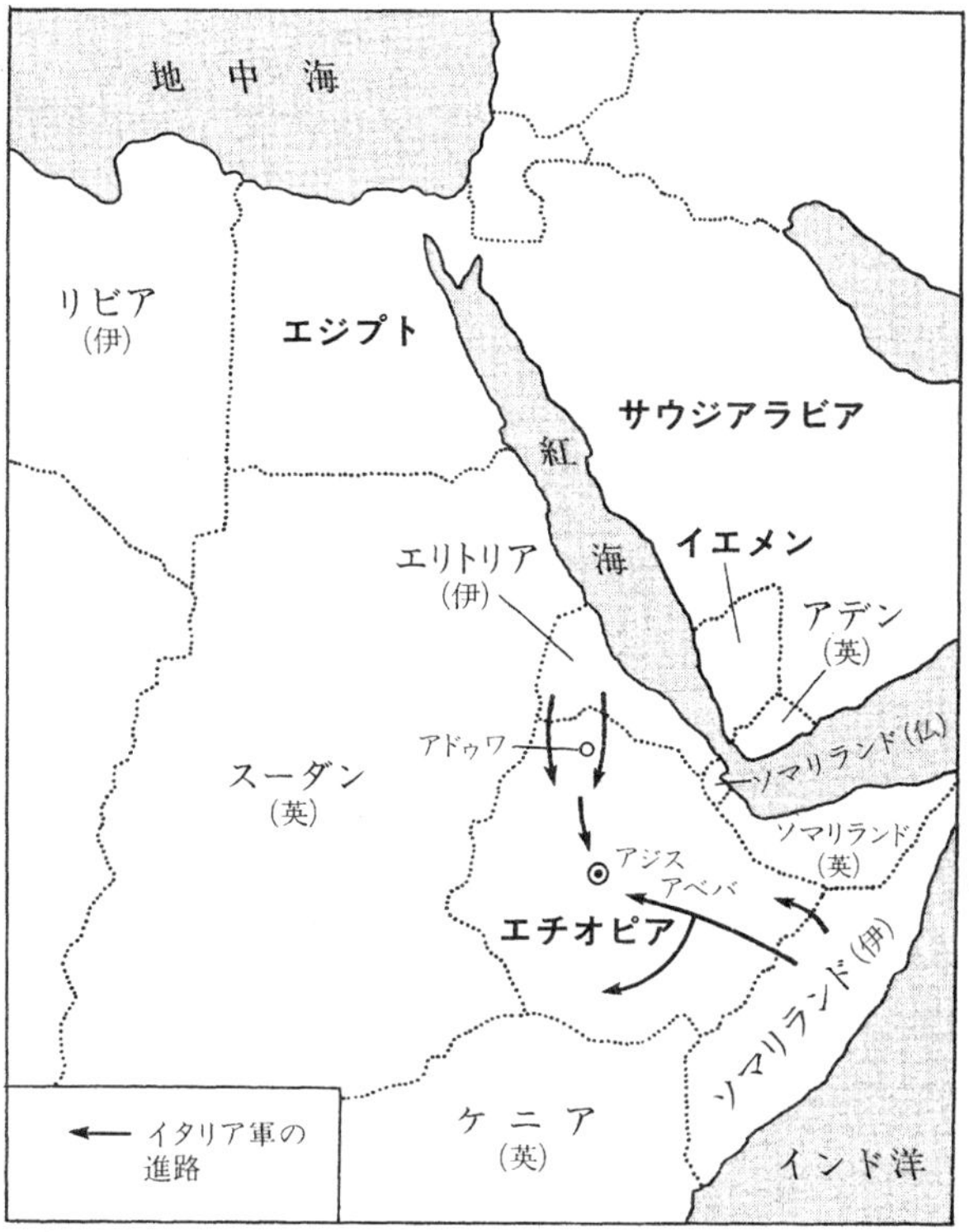
地 中 海
リビア
(伊)
エジプト
サウジアラビア
紅
海
イエメン
エリトリア
(伊)
アデン
(英)
アドゥワ
ソマリランド(仏)
スーダン
(英)
ソマリランド
(英)
アジス
アベバ
エチオピア
ソマリランド(伊)
ケ ニ ア
(英)
インド洋
イタリア軍の
進路

図4　エチオピア戦争

作戦」『季刊戦争責任研究』一四号、アンジェロ・デル・ボカ『ムッソリーニの毒ガス』)。

また占領下のエチオピアでは、イタリアに対する反乱を抑えるために、イタリア人の犠牲者一人について一〇人のエチオピア人が処刑されることになっていた(石田憲『地中海新ローマ帝国への道』)。こうした圧制のもとで、四一年末に解放されるまでのエチオピアでは、強制収容所での死亡や餓死など、イタリア支配による死者は七〇万人を越したといわれる。こうしてみると、エチオピア戦争とその結果は、第二次世界大戦にいたるターニングポイントであったと同時に、第二次世界大戦によって人類が被る惨禍を予示したといってよいであろう。

アフリカで黒人が統治権を握っていた希有な存在としての独立国家(ほかにはリベリアが存在したのみであった)が、侵略の対象となったことは、広く国際世論を喚起したが、とりわけ、アフリカ大陸やアメリカにおける黒人の、エチオピア戦争への関心は高かった。アフリカの民衆で読み書きの力をもたなかった人々の間でも、新たに白人に蹂躙《じゅうりん》されるエチオピア人への同情はいたるところでつのっていった。たとえば、ゴールド・コースト(ガーナ)では、三五年一一月に「エチオピア週間」が設定された(Albert Sbacchi, *Legacy of Bitterness*)。アメリカの黒人のなかではエチオピア援助のための義勇軍派遣の計画も立てられた。大規模な援助こそ実現しなかったものの、アメリカからエチオピアに渡って義勇兵となった黒人も現に存在する。ロンドンでは、エチオピア戦争が本格化する前から「アビシニア国際アフリカ人の友」という組織が、西インド諸島のトリニダード出身の黒人知識人C・L・R・ジェイムズを中心として、ケニヤ出身のジョモ・ケニヤッタなども含みつつ結成された（Imanuel Geiss, *The Pan-African Movement*）。この組織は、パンアフリカニズムの発展の一段階を画するものであり、エチオピア戦争がもった歴史的意味は、ここにも照射されている。

ジェイムズは、イタリアの侵略およびそれに宥和的姿勢をとる英仏などの姿勢のなかに、帝国主義列強が共謀してエチオピアを屈服させようとしている構図を読み取り、「〔アドゥワの戦い以後〕四〇年間にわたってアビシニアが列強をブロックしてきたため、いまやアビシニアにお仕置きをする時がきた」と列強が考えていると論じ、エチオピア人自身と、「黒人大衆、世界中で〔エチオピアに〕共感を寄せる白人やインド人」による抗議・制裁活動を呼びかけた（Anna Grimshaw, ed., *The C. L. R. James Reader*）。

こういった運動によるエチオピア支援や、対イタリア制裁強化の要求は、結局のところ実を結ばず、エチオピアの人々はイタリアによる支配の下に呻吟《しんぎん》していくことになったが、ここにあらわれた構図は、第二次世界大戦がもつ民族解放戦争としての性格に直接つながっていった。

エチオピア戦争からスペイン内戦へ

しかし、エチオピアや、エチオピアを支援する黒人たちの訴えへの、ヨーロッパの人々の反応は、鈍かった。その点は、エチオピア戦争にきびすを接する形で起こったスペイン内戦との関連にもうかがうことができる。

スペイン内戦は、イタリアがエチオピア併合を宣言してから二ヵ月余り後の一九三六年七月半ばに始まり、三九年三月にフランコ将軍側の勝利で終結を迎えるまで、常に国際的関心を集めながらつづいた。この内戦の間、人民戦線政府統治下の共和国に対して反乱を起こしたフランコ側に、イタリアとドイツが人員や物資を供給して大規模な援助を与えた反面、共和国側が支援を要請したイギリスやフランスは、「不干渉政策」をとって共和国政府をいわば見殺しにしていった。アメリカも英仏に準ずる態勢をとり、ソ連のみが共和国に援助をするという列強間の構図ができあがるなかで、この内戦は、ファシズム対反ファシズムという意味合いをもつ戦いとなり、世界の各地から共和国を支援する義勇兵が大量に（約六〇ヵ国から約六万人）スペインに赴いた。日本人としても、当時アメリカにいたジャック・白井という人物が義勇兵としてスペインの地で死んだことが知られている。

しかし、こうして反ファシズムのシンボルとなったスペインの人民戦線も、エチオピア戦争中は、ファシスト・イタリアによるアフリカの独立国侵略に対してはっきりとした非難の姿勢はとらず、最終的にイタリアへの経済制裁の撤回にも賛成した。スペイン史研究者深澤安博によると、エチオピア人が直面したことをスペイン人が理解したのは、内戦になってからであり、現実にイタリア兵があらわれたことなどで、国際的な重圧を感じてからであった。三七年三月、グアダラハラで共和国軍がイタリア軍を破ったとき、共和国軍の側から「イタリア人よ、スペインはアビシニアではない」との叫びが発せられたという（深澤安博「スペインの内戦」歴史学研究会編『講座世界史　八　戦争と民衆』）。ファシズム―反ファシズムという対抗軸が、帝国主義支配―民族解放という対抗軸と必ずしも重なり合わないことは、後に第二次世界大戦の性格に関して検討するが、そのずれは、ここにすでによく示されていたのである。

他面、エチオピア戦争のときに積極的な動きをとったとはいえないコミンテルンは、スペイン内戦にあたってはきわめて大きな役割を演じた。エチオピア戦争に際して、コミンテルンが反対運動を組織しようとしたことは事実であるが、それはいわば不発に終わった。

一九三五年七・八月のコミンテルン第七回大会での反ファシズム人民戦線戦術採択の立て役者であったディミトロフも、三六年三月のコミンテルン執行委員会で、「共産主義インターナショナル第七回大会のあとで、戦争に反対する闘争の問題についてのわれわれの諸決定がありながら、プロレタリアートは、戦争に向かってのイタリア・ファシズムの最初の重大な攻勢に反応することができなかった。この活動は非常に弱かった」と、その点を率直に認めている（『コミンテルン資料集』六）。それと対照的に、スペイン内戦で共和国側の援助のために国際旅団を組織するうえで、コミンテルンは中心的な役割を果たし、各国からはせ参じた義勇兵のうち、大半は共産党員が占める結果となったのである。

ただし、コミンテルンおよびソ連によるスペイン共和国援助は、深刻な代価を生んだ。スペイン共和国陣営のアナーキストやアナルコ・サンディカリストなどに対して、共産主義者が攻撃を仕掛け「内戦の中の内戦」を拡大させたことが、共和国陣営の弱体化につながったのである。これは、おりからソ連内部で進行中のスターリンによるテロルの国際的反映にほかならなかった。ファシズム—反ファシズムという座標軸と、ソ連の——というよりスターリンの——姿勢、政策のずれという、いま一つの、しかもきわめて深刻な結果を伴うずれも、こうしてスペイン内戦においてはっきりと示されたのである。

日独伊の接近

一九三三年一月に政権を握ったヒトラー指導下のドイツは、日本が華北分離工作を推進し、イタリアがエチオピア侵略を準備していたとき、徴兵制を復活して約五〇万人に相当する規模の軍隊の設置を発表し（三五年三月）、さらにヴェルサイユ条約で非武装地帯とされていたラインラントの占領に踏み切った（三六年三月）。日本、イタリア、ドイツという、第一次世界大戦後の国際秩序を暴力的に変更することを望む国々の動きは、このようにして三〇年代中葉に出そろい、エチオピア戦争からその直後の時期にかけて、これら三国は相互間の接近を始めていった。

満州事変からエチオピア戦争への流れについてはすでに触れたが、日本とイタリアの間の関係自体は、それまで必ずしも緊密なものではなかった。エチオピア戦争に際して、日本国内にはエチオピアに同情的な世論も根強く見られたのである。しかし、日本の中国侵略を主導していた軍部のなかには、イタリアの行動を日本と共通した動きとして共感をもって見る姿勢が存在した。たとえば、エチオピア戦争勃発直後に陸軍省軍務局の有末精三中佐が外務省に手交した覚書には、「伊国の『エチオピア』征服は覇道精神なりと雖《いえども》実質においては国際的現状打破にして帝国の夫《そ》れに類似する処《ところ》あり今之《いまこれ》を抑ふるは将来の国策上自縄自搏《（ママ）》なるべし」と明言している（日本外務省記録）。ただし、エチオピア戦争に際しては、日本はイタリアに好意的な中立姿勢をとるにとどまり、両国の関係はこの時点ではそれ以上フォーマルなものにはならなかった。

それに対し、イタリアとドイツ、日本とドイツの間ではエチオピア戦争後、フォーマルな連携関係が成立した。独伊間では、ヒトラーの政権掌握後、共通した関心地域オーストリアをめぐってむしろ対抗意識が強く、エチオピア戦争に際しても、三六年初めに戦争へのドイツの不干渉とオーストリアへのイタリアの関心放棄の意思表示が行われたものの、ドイツはエチオピア側に武器や補給品を送っていた。しかし、エチオピア戦争でのイタリアの勝利とスペイン内戦への共通のコミットメントを背景として、三六年一〇月、独伊両国はお互いの協力関係をうたった議定書に調印した。いわゆる「ローマ・ベルリン枢軸」の成立である。一方、東アジアでそれまでドイツがとってきた親中国姿勢を守る外務省や国防軍のもとで、三〇年代前半には決して親密であるとはいえなかった日本とドイツも、一九三五年秋ごろ、ヒトラーが日本への接近に向けての決断を下したことにより、接近していき、三六年一一月に日独防共協定が締結された。

こうして、日独伊三国間の接近によって、列強間の布陣は確かにそれまでよりも明確な形をとった。とはいえ、三六年から三七年にかけての段階には、このような陣営配置はまだまだ流動的であった。日独防共協定をめぐっても、それにイギリスを引き込むことを望む人々が、ヒトラー自身をも含めて日独双方にみられたのであり、後の枢軸国対連合国という対抗関係が確定したわけでは決してなかった。先に触れた、三七年前半における東アジア国際関係における選択肢の存在ということは、こうした状況を前提としていいうる点である。

ここでひとつ注意すべき点は、日独伊三国の接近という事態が、国家間の権力政治的連携にとどまらず、歴史的性格を共にする国々の結びつきが生まれたことを意味したという点である。すなわち、ファシズム諸国家の結合であり、こうした国家群が第二次世界大戦における一方の陣営を構成したことにより、大戦の基本的性格がつくりあげられていったのである。

ただし、この点をめぐってはさまざまな議論が行われてきた。イタリアのファシズムとドイツのナチズムの間の相違点を強調し、ファシズム概念をドイツに適用することを拒む見方もある。たとえば、イタリア・ファシズムの代表的研究者であったデ・フェリーチェは、社会的基盤（イタリアでは台頭しつつある中間層、ドイツでは下降局面にあった中間層）、イデオロギー（ナチズムを特色づけた人種主義のイタリアにおける不在）、などについての違いをあげ、イタリア・ファシズムはドイツ・ナチズムと異なる独特の性格をもったものであった、と論じた（デ・フェリーチェ『ファシズムを語る』）。また日本の場合には、ファシズム概念を適用することに消極的な見方はさらに強力である。とくにイタリアやドイツに見られたような規模の大衆運動がみられなかったことが、重要な相違点として指摘されることが多い。

しかし、民主主義・自由主義・共産主義・国際主義などの否定と、個人の人権抑圧を基調とし、対外膨張を志向しつつ好戦的な排外主義や軍国主義を鼓吹する思想・運動・体制として、ファシズムをとらえるとすると、イタリアとドイツの間には、相違点よりも共通性の方が確かに多い。また日本においても急進的なファシズム運動と呼べるものは確かに存在しており、そのような運動が展開するなかで、内においては民主主義や人権を抑圧し、積極的な対外膨張政策を推進する体制が成立したのであり、ファシズムという概念を日本に適用することは決して無理でない。そのような三国間の接近が三〇年代中葉に急速に進行したという点を改めて確認しておきたい。

ドイツの侵略と宥和政策

ナチス・ドイツの戦争準備

こうした枢軸陣営の形成過程のなかで、ナチス・ドイツの戦争準備姿勢が加速化していった。すでに触れたように、三五年から三六年にかけてドイツは徴兵制の復活、ラインラントへの国防軍の進駐を断行していたが、このような動きと並行する形で、三五年九月に、ユダヤ人の公民権剝奪、ユダヤ人とドイツ人の結婚禁止を決めた「ニュルンベルク法」が制定されたことは、内における人権抑圧と外に対する拡張・戦争とが連動するナチス・ドイツの内外政策が、本格的に展開されはじめたことの証左であった。

戦争に向けてのヒトラーの志向は、一九三六年八月（この月は、ベルリンでオリンピックが華々しく開催された月である）に彼が書いた「四ヵ年計画覚書」と、翌三七年一一月五日（この次の日にはイタリアが日独防共協定に加入した）に、外相・国防相・陸海空三軍最高司令官を集めて彼が行った演説に、示されている。政権を掌握して以降に彼が残した唯一の自筆の覚書であるといわれる「四ヵ年計画覚書」において、ヒトラーは、ドイツが世界一の軍隊をつくりあげなければならないと強調するとともに、ドイツ経済を戦争遂行のために整備する必要性を説き、結論として、ドイツ軍が四年間で戦争に投入可能になっていなければならず、ドイツ経済も四年間で戦争遂行が可能になっていなければならない、と論じた。また三七年一一月の演説で、ヒトラーは、ヨーロッパでドイツと直接接している地域においてドイツの「生存圏」を獲得していくことの重要性を再確認しつつ、チェコスロヴァキアとオーストリアを具体的な攻撃対象として措定した。

そして翌一九三八年には、まずオーストリアへの、次いでチェコスロヴァキアへの侵略が実行に移されていった。三八年三月にはオーストリアがドイツに併合され、九月には、チェコスロヴァキアのズデーテン地方のドイツへの割譲が決められたのである。ただし、ヒトラーは、この対外侵略を戦争なくして完了することができた。三七年一一月の演説で、ヒトラーは、ドイツの強化を妨げる勢力としてイギリスとフランスに言及していたが、こ

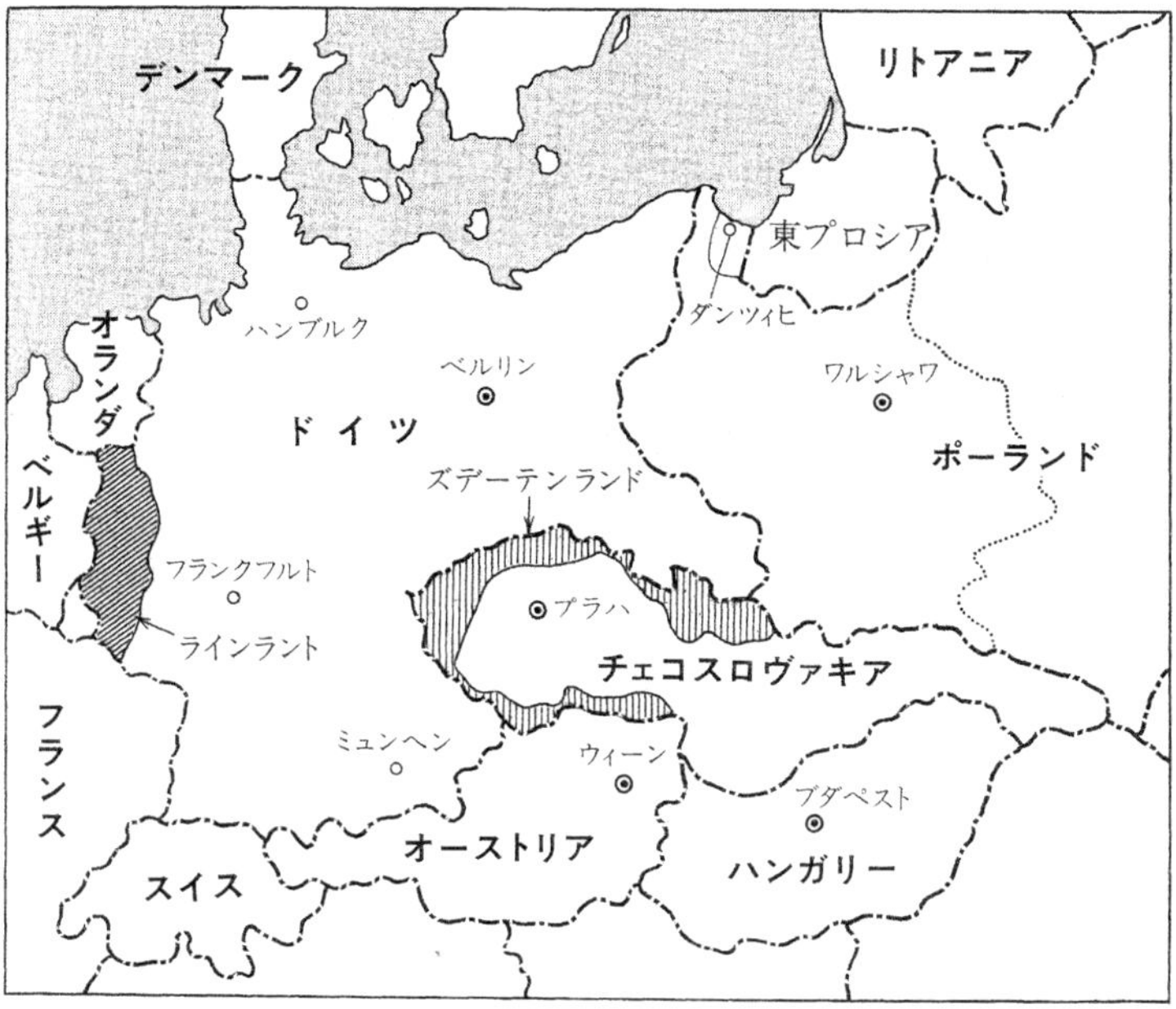

図５　1930年代の中欧・東欧
点線は，1939年の独ソ不可侵条約による勢力分界線.

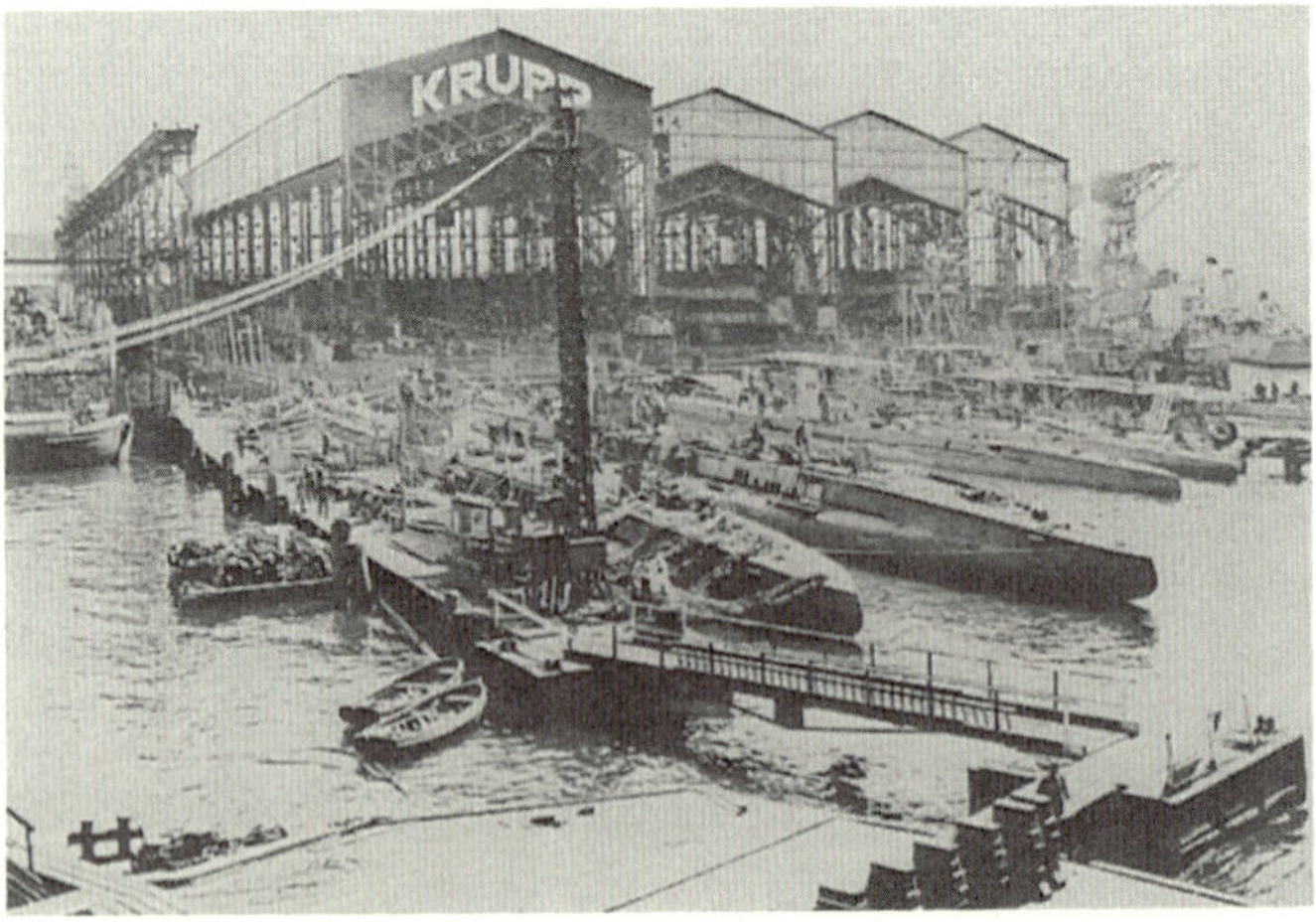

図6　ドイツの再軍備の様相を示す，キール軍港のUボート

ドックには，軍備強化を支えたクルップ社の社名が見える（A. J. P. Taylor, *The Second World War, An Illustrated History*〔London, 1975〕より）

れらの列強は、三八年におけるドイツの対外膨張政策の本格化に際して、それを容認する姿勢をとったのである。そのような姿勢のピークが、ズデーテン地方問題をめぐって開かれた三八年九月のミュンヘン会談であった。

ヒトラーは、『わが闘争』でいち早く示された対外膨張の目標（東方への拡大を軸とする帝国の建設）を一貫して抱いていた。また、彼の対外侵略構想については、東方での帝国建設を手始めとして、究極的には「世界支配」をめざそうとしていたのだ、という解釈がなされることもある。そのいずれがヒトラーの真意であったかは確定しがたいし、またナチス・ドイツの対外政策はヒトラーの考えにそのまま沿って展開されたわけでもない。ナチス・ドイツの外交において、もっぱらヒトラーの考えを強調する研究姿勢（「プログラム学派」と呼ばれる）を批判して、外交構想に関する「多元主義」モデルなどが提唱される所以《ゆえん》である。とはいえ、ヒトラーの対外侵略構想がもった意味自体は、決して過小評価されるべきではない。

むしろ問題は、ヒトラーの膨張政策が長期的かつ具体的な戦略に基づいて展開されたわけではなかったという点であろう。さまざまな状況に左右された即興的決定ともいえるものが、彼の戦争政策の基調だったのである。その際、他の列強がドイツの行動にどのように対応するか、とりわけヨーロッパでドイツに対抗するはずの英仏がいかなる対独政策をとるかが、ドイツをとりまく外的状況のなかで、最も重要であった。一九三八年における対独宥和政策の展開が、ヨーロッパでの戦争への道のなかで、決定的な意味をもつことになったのである。

宥和政策の歴史的性格

一九三〇年代に対外侵略行動を展開した国々に対して、イギリスやフランスがとった宥和政策が、どのような歴史的性格をもった政策であったかについては、すでに日本に対するイギリスの政策を扱った際、簡単に触れておいた。すなわち、帝国主義国としての地歩を守りつつ、ある程度の譲歩によって、新たに対外膨張を企てる国との間で帝国主義的共存を図ろうとする政策である。宥和政策のこのような性格は、ドイツに対するイギリスの姿勢のなかでいっそうはっきりしてきた。

その明確な表現は、「植民地宥和」の試みである。第一次世界大戦での敗北によって、ドイツはそれまでもっていた海外領土を失っていた。ドイツに植民地を再び与え、帝国主義国としての地位を確保させることによって、対外膨張の蠢動を強め始めたナチス・ドイツを馴致《じゅんち》するという案が、イギリスによって追求されたのである。この問題の検討は、三六年三月のドイツによるラインラント進駐後、イギリス政府内で開始されていたが、それが政府中枢で討議されたのは三八年初頭のことである。三八年一月、イギリス首相ネヴィル・チェンバレンは、アフリカの広大な領域を場として新たな植民地統治規定をつくり、ドイツにも領土を配分して植民地支配に参加させるという方針を提起した。チェンバレンは、この方式の必要性を説明するにあたって、あたかも「動産」のように植民地の住民を一国から他国に手渡すことには広範な反対が起こるであろうし、第一次世界大戦後に植民地が再配分されてから二〇年の間に各地域では大きな変化が起こっており、それをまた移管するのは実際的にも困難が大きいと述べ、それに代わる新方式は「アフリカにおける植民地開発の歴史のなかで完全に新たな一章」になるはずのものである、と論じた（*Documents on British Foreign Policy*, 2-18)。

　こうした新たな装いをこらしたとしても、これが実質的にはドイツへの植民地返還の提案にほかならないことは明らかであり、イギリスの内閣内でも批判的見解は存在した。しかし、反対意見がさほど強硬なものでないことを確認したチェンバレンは、駐独英大使を通じて三八年三月初め、ヒトラーに対し、北緯五度とザンベジ川の間のアフリカ（現在のコンゴ、ザイール、タンザニア、アンゴラ、ザンビア、モザンビークなどにあたる地域）で植民地保有国による共同の委員会を設立し、軍縮、通商の自由、住民の扱いについての協力を行うという方針を示し、ドイツもそれに加わる意志があるかどうかを質《ただ》した。それに対するヒトラーの答えは、「植民地問題の解決の機はまだ熟していない。これについては、四年、六年、八年、一〇年でも待つことができる」というものであった（*Documents on German Foreign Policy*, D-1)。ヒトラーは、「植民地宥和」に応じることを明確に拒絶したのである。そして、このようなイギリス側の姿勢をあざ笑うかのごとく、その一〇日後、彼はオーストリアの併合を敢行した。

こうしてアフリカを材料とする「植民地宥和」の試みは挫折したものの、そこには、宥和政策が、「持たざる国」を巻き込む形で帝国主義的支配―被支配関係を構築し直そうとする志向性と結びついていたことが、よく示されていたのである。

その後イギリスは、東欧・東南欧でのドイツの経済的優位確立を容認する姿勢を示すことによって、ドイツとの戦争を回避しようとする「経済的宥和」の方向を示していくことになる。たとえば、ミュンヘン協定後の議会での発言のなかでチェンバレンは、東南欧市場を独英ともに排他的に独占すべきではないとの留保をつけながらも、ドイツと東南欧の間に相互補完的で自然な経済的結合関係が存在することを強調した（英下院議事録）。東欧に対してイギリスよりもはるかに深い関わりをもっていたフランスの場合にも、東欧でのドイツの経済的フリーハンドを認める「経済的宥和」の姿勢が看取できる。そういった態度はアメリカでもみられ、駐英大使ジョゼフ・ケネディ（一九六三年に暗殺されたジョン・F・ケネディ米大統領の父）は、ミュンヘン会談当時、バルカンでドイツが経済的にフリーハンドをもつことを認める方針を打ち出していた（Patrick Finney, ed., *The Origins of the Second World War*)。列強の指導者たちはこのようにドイツの勢力拡大を認めることが、ドイツのさらなる侵略衝動の抑制につながると考えていたのである。

しかし、ナチス・ドイツの対外侵略の動きは、こうした宥和政策によって緩和されることはなかった。ドイツは三九年三月には、チェコスロヴァキアを解体し、次にポーランドを侵略の対象として、三九年九月一日軍事侵攻を断行し、ヨーロッパでの戦争の幕を切って落としたのである。

宥和政策に代わるもの

すでに本書では、日本やイタリアの対外侵略をめぐって、選択肢の可能性についての問いを発してきた。ドイツに対する宥和政策に関しても、もちろんそのような問いかけをすることは可能である。それは宥和政策に代わりうる政策はなかったのか、という問いである。

イギリスの宥和政策についての研究史は、その問いに答える手がかりを提供している。第二次世界大戦後しばらくの間、イギリスの宥和政策はきびしい批判の対象となっていた。その批判の基調をつくったのは、宥和政策を推進したチェンバレンのあとをついで一九四〇年に首相となり、イギリスの戦争を指導したチャーチルであった。歴史家としても知られるチャーチルが戦後著した『第二次世界大戦史』などに示された、外交政策におけるチェンバレンの無能さとか、ナチス・ドイツについての根拠のない楽観性、反ソイデオロギーなどさまざまな要素が、誤った政策としての宥和政策をもたらした、との評価が、強い影響力をもったのである。

しかし、一九六〇年代に入ると、イギリスの歴史家A・J・P・テイラーが、論争的な著作『第二次世界大戦の起源』によって、そのような宥和政策像に疑問を呈した。彼は、一方において、ヒトラーの戦争計画によって第二次世界大戦がひきおこされたとする通説を批判し、大戦勃発は諸列強の外交政策上の失敗によるものとして、それまでの大戦起源論に挑戦するとともに、宥和政策について、それはヨーロッパの全般的和解を目的とした合理的な政策であったという肯定的評価を下した。その後の研究のなかでは、政策決定の背後にある経済的・軍事的状況などを考慮した場合、実際にとられた宥和政策にとって代わりうる政策は実現性に乏しく、宥和政策こそが現実的かつ合理的な政策であったとする評価、言いかえれば宥和政策に代替する政策はありえなかったとする議論が支配的になってきたのである。それと同時に、チェンバレンの評価も高まってきた。

このような宥和政策評価を前提にすると、それに対する選択肢について語る余地はなくなってくる。しかし、最近の研究のなかには、改めて宥和政策に代わる政策の可能性について考えるものもあらわれてきている。その場合に鍵になるのは、ソ連の政策と、英仏のソ連に対する態度の評価である。

一九三〇年代、スターリン支配下のソ連は防衛的な対外政策を展開し、リトヴィノフ外相を中心として集団的安全保障を唱え、イギリスやフランスとの協力を模索していた。ソ連の真意がどこにあったかという点には確かに問題があり、最近の研究でも、一九三九年八月二三日に独ソ不可侵条約が結ばれる少し前まで、ソ連が英仏との提携を追求していたとする見解と、すでに三〇年代半ばからソ連にはドイツとの和解を志向する動きがあったことを指摘する見解との間で、論争がある。

とはいえ、三八年段階でソ連が英仏との協力を望んでいたこと自体は否定できない。そのようなソ連とも手を結んでドイツに対抗する国際的陣営を形成し、ドイツの行動を抑えようとする考え方は、宥和政策批判派の間から出されていたのであり、イギリスの宥和政策についての近年の研究は、この点に改めて着目して、「三八年から三九年初頭にかけて、イギリス政府の対ドイツ政策をめぐって明確に表明された選択肢が存在していた」と、ソ連との協力がもったであろう意味を強調している（R. A. C. Parker, *Chamberlain and Appeasement*）。また英仏とソ連との提携の可能性が、三九年春以降も消えたわけではなかったことにも注意しておく必要があろう。実際、外交的・軍事的協力の道を探る三国間の交渉は、ドイツによるチェコスロヴァキア解体後の三九年四月から八月にかけて行われたのである。しかし、この交渉の間も、英仏側はソ連との協力促進に消極的な姿勢を崩さなかった。

こうして対独宥和政策に代わる選択肢が真剣に追求されなかったことが、ドイツの侵略活動の拡大を招くとともに、ソ連の姿勢転換をも促すことになり、三九年八月の独ソ不可侵条約締結という事態につながった。ドイツは、ソ連との衝突の可能性をこうして当面除去したうえで、ポーランド侵攻に踏み切ることになったのである。

日中戦争とヨーロッパ情勢

この間、東アジアでは日本による中国侵略が拡大していた。一九三七年七月七日の盧溝橋《ろこうきょう》事件で始まった日中戦争は、日本軍の急速な侵攻によって、内蒙古・華北・華中の広い領域に及ぶ戦争となり、三七年一二月には、当時の首都南京の攻略に際して、中国の兵士・民衆を対象とする大虐殺が行われた。この南京事件による犠牲者の規模をめぐっては、現在も激しい議論が繰り広げられているが、笠原十九司による、「十数万以上、それも二〇万人近いかあるいはそれ以上の中国軍民」が犠牲になったとの推定が、最も説得的である（笠原十九司『南京事件』）。先に、エチオピアでのイタリアの行為について述べたが、この南京事件もそれと同じく、第二次世界大戦への道を開いていたファシズム諸国がもった残虐な性格を、はっきりと示した出来事としてとらえることができる。

南京事件当時、日中間では駐中国ドイツ大使トラウトマンを仲介役とする和平交渉も試みられていた（トラウトマン工作）が、南京攻略の成功などでさらに勢いづいた日本側は、講和条件をきわめて過酷なものとし、結局三八年一月には、「帝国政府は爾後《じご》国民政府を対手《あいて》とせず」との政府声明を発して、ひたすらに中国の軍事制圧を追求していくことになった。しかし、三八年の徐州作戦・武漢作戦などの日本の大規模な攻勢にもかかわらず、中国側は屈服せず、戦争は持久戦の様相を呈していった。

ヨーロッパでのドイツの対外拡張行動の活発化が、アジアでのこのような日中戦争の展開と並行し連動する形をとっていたことに、改めて注意しておきたい。ただし、ここで強調したいのは、日本とドイツ、さらにはイタリアの間の直接の連携関係ではない。三国間の関係は、まだ曲折を示していた。日中戦争が拡大する過程で、三七年一一月初めには、日独防共協定へのイタリアの加入が実現したが、それにつづく「防共協定強化」（英仏をも対象とするような形での日独伊三国の軍事同盟化の動き）をめぐる議論は、とりわけ日本の指導層内部での意見分裂を露呈させ（同盟強化の推進者であったドイツ外相リッベントロープは、この対立を、帝国主義的潮流と民主主義国との協調に好意的な潮流との対立とみなしていた）、ヨーロッパでの開戦までに軍事同盟化が実現したのは独伊間のみであった。

問題は、日本、ドイツの行動がアジアとヨーロッパで並行して起こったことが、主要諸国の行動、とりわけ、ヨーロッパでの開戦への道で中心的な位置を占めたイギリスやソ連の姿勢にいかなる影響を及ぼしたかという点にある。イギリスは、世界に広がる帝国をもっていたため、そしてソ連は日本とドイツによって東西からはさまれていたために、ヨーロッパとアジアの状況の連動に敏感であった。

このようなイギリスの立場を、ヒトラーはよく意識していた。先に触れた三七年一一月五日の演説のなかで、ヒトラーは、イギリス帝国の弱体化をもたらす要因として、極東でのイギリスの位置が日本によって弱められるという点を重視していた。また、ナチス・ドイツの対外侵略が本格化する三八年三月のオーストリア併合が、中国にそれまで送っていた軍事顧問団をドイツが引き上げた時期と合致していることにも注目したい。ヒトラーは、対外侵略活動を拡大していくに際して、最大の障害であるイギリスの妨害をなくすため、日本との接近を利用しようとした、と考えられるのである。他方、日本の側でも、三八年八月に軍部が策定した戦争指導案が、「独伊のチェコ及びスペイン問題に関する積極性強化に依り英ソを欧州に牽制す」と記していたように（堀場一雄『支那事変戦争指導史』）、ドイツの動きに期待していた。

事実、アジアとヨーロッパ双方での危機の同時進行に、イギリスの指導者は強い脅威を感じていた。チェコスロヴァキアのズデーテン地方をめぐる状況が緊迫してきた三八年八月末、イギリスの大法官モーム卿は閣僚たちに対して、「〔ヨーロッパで〕わが国が戦争に巻き込まれれば、日本はわが国をとるに足らぬものとして扱うことだろう」と述べている し、首相チェンバレンの懐刀として、宥和政策の陰の推進者であった政府首席産業顧問H・ウィルソンは、後の回想のなかで、「もしもミュンヘン〔会談〕のことを分かろうと思えば、日本に眼を向けなければならない」と発言している（John Pritchard, *Far Eastern Influences on British Strategy towards the Great Powers*）。そして、ミュンヘン会談直後の英軍部参謀長会議は、「一九三八年に日独伊と同時に戦争に入ることは、もしわが国がフランスやソ連と同盟したとしても、わが国の現在の防衛力や計画されている防衛力では対応できないコミットメント」である、と脅威の連動への深刻な懸念を露わにしていた（Michael Howard, *The Continental Commitment*）。日中戦争とドイツの対外拡張行動は、こうした意味で連動しつつ、イギリスの姿勢に影響を及ぼしていったのである。

またソ連については、独ソ不可侵条約締結にいたる過程での、アジア要因に着目したい。三九年夏に独ソが急速に接近していった要因の一つとして、三九年五月から日本とソ連との間で始まっていたノモンハン事件をあげることができる。ソ連側は、R・ゾルゲからの情報によって、日本がドイツ、イタリアと軍事同盟を結ぶ可能性があり、日本の攻勢がソ連に向けられる限りでは日本の支配層内部に異論がないことを知っていた。そのようなときに起こったノモンハン事件にソ連側が脅威を覚えたことは不思議でない。独ソ不可侵条約に関する研究のなかで斉藤治子は、ノモンハンでのソ連・モンゴル軍の大反撃作戦が、八月二〇日に予定されていたことに着目し、この攻撃の成功で東方における日本の脅威を排除できるかどうかが、ドイツの日本に対する外交的プレッシャーにかかっていることを、スターリンが意識していたであろうと論じている（斉藤治子『独ソ不可侵条約』）。そのスターリンの決断によって、ドイツ外相リッベントロープの訪ソが早まり、二三日に独ソ不可侵協定が結ばれることになったのである。

アジアにおける日本と、ヨーロッパでのドイツ、イタリアの対外侵略が連動して、国際関係の危機が深まっていく様相は、世界各地域の人々の間で、反戦、反ファシズム運動の高揚を生んだ。

反ファシズム運動の構図

日中戦争をめぐっては、たとえばイギリスでは、中国キャンペーン委員会という組織などがつくられたり、一種の人民戦線組織であった「レフトブッククラブ」（社会主義や反ファシズムの知的土壌を広げていくことを目的とした書物の配布組織）による中国支援運動が繰り広げられ、対日制裁が求められた。アメリカでも、アメリカ労働総同盟や産業別労働組合会議が日本商品のボイコットを提案している。また、あまり知られていないが、対日ボイコット運動を最も精力的に行った人々として、オーストラリアの港湾労働者をあげることができる。三八年初頭からのシドニー港をはじめとする戦争物資積み荷拒否運動、とくに三八年一一月から三九年一月までつづけられたケンブラ港の労働者の日本向け銑鉄積み荷拒否運動は、対日宥和姿勢をとるオーストラリア政府を大いに悩ませた（J. White, "The Port Kembla Pig Iron Strike of 1938", *Labour History*, 37）。

ドイツの侵略に反対する民衆運動も、各地で対独宥和政策批判という形をとって展開された。宥和政策遂行の中心となっていたイギリスでは、労働党の左派と共産党を中心とする人民戦線運動が、前述の「レフトブッククラブ」などにも支えられながら、ソ連との協力関係を築き、ドイツに対して強硬な姿勢をとることを求めた。フランスでは、ほかならぬ人民戦線政府が宥和政策の担い手となるなかで、共産党や左派の労組労働総同盟がミュンヘン協定反対の声をあげた。

このような動きは、結局のところファシズム諸国による侵略の拡大や、戦争の到来を防ぐことはできなかった。しかし、第二次世界大戦が反ファシズム戦争として展開していく民衆的基盤が、三〇年代の反ファシズム運動のなかで確実に準備されていたことは、改めて強調しておく必要があろう。

同時に、英仏などの反ファシズム運動のなかに、第二次世界大戦の性格を論じる際に重要なひとつの問題点――反ファシズムの方向性と反帝国主義の方向性の間の矛盾――がすでに露呈していたことにも、注意しておかなければならない。三〇年代後半における反ファシズム運動を各地で先導したのは、コミンテルンの人民戦線戦術を実践する共産主義者たちであり、彼らはそれまではコミンテルンの指導のもとで、植民地・従属地域での反帝国主義運動を鼓舞する姿勢をとってきていた。ところが、ソ連外交の政策転換（英仏などの非ファシスト資本主義列強との協調路線への転換）と結びついた人民戦線戦術のもとでは、反ファシズムの力を結集するために反帝国主義運動がむしろ抑えられるという事態もみられるようになったのである。たとえば、フランス共産党の指導者トレーズは、「現下の決定的な問題はファシズムに対する戦いであり、植民地人民の利益は、彼らとフランス人民の結合のなかに存在するのであって、ファシズムの企てを利して、アルジェリアやチュニジア、モロッコをムッソリーニやヒトラーの抑圧のもとに置くような態度のなかに存在するのではない」と、述べている（J. Marseille, "La conférence des gouverneurs généraux des colonies (novembre 1936)", *Le mouvement social*, 101）。すなわち、何よりもまずファシズムの道を防ぐということこそが肝要である、とされたのである。仏領インドシナでは、フランスでの人民戦線政府成立後の一九三六年七月に、インドシナ共産党は、それまで主要目標としてかかげていたフランス帝国主義打倒と地主の土地再配分というスローガンを撤回し、広範な層を含む反帝人民戦線創設という目標をかかげることになった。ここに示されたような反ファシズムと反帝国主義の両方向の間の軋轢《あつれき》が、大戦期にはさらに深刻なものとなるのである。

ただし、この矛盾をあまりに重視しすぎることも、また問題であろう。実際の行動のなかで、そのような矛盾とは関わりなく、侵略に苦しむ人々に助力をした多くの人々が存在したのである。ひとつの例として、アジアとヨーロッパにまたがる形で、そうした実践を行った人々について触れておこう。カナダの医師ノーマン・ベチューンは、スペイン内戦で共和国側を支援する医療活動を行った後、中国に赴いて日中戦争を戦う中国側を助け、三九年に中国で死去した。同じように、インド人医師アタルもスペインに赴いてから、中国へも医療支援のためにでかけている。アタルを団長としてインドの国民会議派から中国に派遣されたのは、五名から成る医師団であったが、そのなかの一人コートニスの活躍はめざましく、中国で「第二のベチューン」と呼ばれた（R・スチュワート『医師ベチューンの一生』）。

コートニスは、四二年に中国で病死した。その間、彼を中国に送り出したインドの国民会議派は、反ファシズムと反帝国主義の間の矛盾を、あからさまに示す動きを見せていくことになる。そうした点に留意しつつ、次章ではヨーロッパでの開戦以降の時期を検討していくことにしよう。

世界大戦の展開

ヨーロッパの戦争とアジアの戦争

「奇妙な戦争」

「第二次欧州大戦は普通にいはれるやうに『戦闘なき戦争』だ。従来の戦争が宣戦布告と同時に、あるひはそれ以前に、いきなり戦争行為に突入してしまつたことを考へると、その言葉は確に当つてゐる。しかし言葉の正確を期するためには、寧《むし》ろ『宣戦布告の伴つた外交』と云つた方がいゝであらう。（中略）両方が交戦状態に這入《はい》つて、しかも双方の使用するのは大砲や巨艦や大軍隊ではなくて、寧ろ外交と術策である。（中略）武力戦であるよりも、寧ろ外交戦に虚々実々の努力が払はれてゐるところに今回の第二次欧州大戦の特徴がある」。一九四〇年二月に擱筆《かくひつ》した『第二次欧州大戦の研究』のなかで、炯眼《けいがん》のジャーナリスト清沢洌《きよさわきよし》は、前年九月に始まったヨーロッパでの戦争の様相を、このように表現していた。

ドイツによるポーランド侵攻、英仏の対独宣戦布告で幕が切って落とされたヨーロッパでの戦争（清沢が「第二次欧州大戦」という呼称を用いていることに注意されたい）は、翌四〇年の晩春まで、ドイツ対英仏という交戦国の間で、戦争らしい戦争が起こらないまま推移した。そのため、この時期は、「いかさま戦争」（phoney war）とか「奇妙な戦争」（la drôle de guerre）と呼ばれる。

確かに、この時期のヨーロッパの状況は「奇妙」であった。まず、ドイツのポーランド侵攻から、英仏の対独宣戦布告まで三日近くを要したことが、問題となる。三九年三月、ドイツがチェコスロヴァキアを解体した後、三月末に英仏はポーランドに対して、ポーランドの独立に明白な脅威が存在し、ポーランドがそれに抵抗する場合には援助をするという「保障」を与えていた。それにもかかわらず、宣戦布告が遅れたことは、英仏の政策決定者のなかに、ドイツに対する宥和志向がいまだに強く存在していたことの証左であった。しかも、英仏は宣戦布告を行った後も、ドイツ軍に対して効果的な軍事行動をとろうとしなかった。イギリス空軍がドイツ軍に投下したのは爆弾ではなく、ヒトラーを批判し、戦争終結を訴えるビラであった。現代の戦争で心理戦や宣伝戦が軽視できないことはいうまでもないが、これはドイツの進撃に対してあまりに無力な行為であった。ヒトラーは、一〇月初めのイタリア外相チァーノとの会談で、「これまでビラだけが投下されてきたが、その愚かさは特筆に値する。（中略）大量にビラがまかれれば、せいぜい紙の供給増と考えられる位のものだ」と、あざ笑った（*Documents on German Foreign Policy*, D-8）。結局のところ、ポーランド史研究者松川克彦が断言するように、「イギリスはポーランド援助ができなかったのではなかった、（中略）最初からその意図がなかった」とみることが妥当であろう（松川克彦『ヨーロッパ一九三九』）。

このような英仏の無策の前に、ポーランドはドイツと、ドイツの動きに呼応したソ連によって分割占領された。それ以降、ドイツが次の軍事行動を起こさないまま、「戦闘なき戦争」がつづいていくことになるのである。その間、ドイツ側は西方攻撃の準備に入りつつ、英仏の宥和志向に再び訴える試みを行った。その最も代表的な例が、ポーランドの降伏（九月二七日）直後に来英したスウェーデン人実業家ダーレルスの動きである。ダーレルスは、ヒトラーに次ぐナチス・ドイツの実力者であったゲーリングの意を体して行動していた人物であり、ヒトラー、ゲーリングとの協議をふまえてイギリスに赴き、ポーランド征服を既成事実としたうえでの和平を求めた。それに対し、イギリス側は「現在のドイツの権力者」への不信を表明して否定的に対応した。このことは、すでにミュンヘン協定にみられたような宥和政策の再現がありえないことを示していた。

しかし、ここで注目すべきは、「現在の権力者」とは取引できないというイギリス側の姿勢の含意である。大戦期の和平交渉をめぐる先駆的研究のなかで、ドイツの歴史家ベルント・マルティンは、これをイギリス側からのゲーリングへの明確なウィンク――すなわち、英独間の取引の前提としての、ゲーリングがヒトラーにとって代わる形での権力者の交代への希望――と解している（Bernd Martin, "Britisch-Deutsche Friedenskontakte in den ersten Monaten des zweiten Weltkrieges", *Zeitschrift für Politik*, 1972-3）。それよりしばらく後、首相チェンバレンも妹宛の私信のなかで、「思うにヒトラーを取り除くことは、ぜひとも必要である。（中略）彼の取り巻き連も去る必要があるが、ゲーリングはよけておいてもよい。彼は移行期の政府において飾りの位置を占めるだろう」と記している点なども考えれば（I. Macleod, *Neville Chamberlain*）、イギリス側、少なくともチェンバレンなどが、対独宥和志向自体は捨てていなかった、ということができよう。チェンバレンがいまだにドイツとの妥協を目論んでいるという観測は、四〇年になっても、イギリスでは根強く存在したし、それが「奇妙な戦争」が終わりドイツの攻勢が開始された後での、チェンバレンからチャーチルへの首相交代劇の重要な背景となった。

「奇妙な戦争」期については、「戦闘なき戦争」という形容があてはまらない地域が存在したことにも、触れておかなければならない。眼を、独ソ不可侵条約でドイツと手を結んだソ連に向けてみれば、この時期は、決して「奇妙な戦争」の時期ではなかったのである。

ソ連の対外膨張

まず、ドイツの侵攻に呼応する形で、ソ連は九月一七日ポーランドに兵を進め、ポーランドの東部を占領した。これは独ソ不可侵条約の付属議定書における両国の合意――「ポーランド国家に属する領域の領土的・政治的変更」の場合の「ドイツとソ連の利益範囲の境界」についての合意――に基づいており、ソ連の侵略行為にほかならなかった。この付属議定書の存在を、当時からソ連は一貫して否定しつづけてきていたが、冷戦の終焉につながるソ連のペレストロイカの過程で、独ソ不可侵条約締結から五〇年後の一九八九年末になって、ようやく認めるにいたった。

三九年秋におけるソ連の対外拡張行動の場は、ポーランドにとどまらなかった。それにすぐつづく形で、ソ連はバルト三国（エストニア、ラトヴィア、リトアニア）に相互援助条約の締結と基地の貸与を強要したが、これは翌四〇年八月のバルト三国併合への布石となった。さらにソ連はフィンランドに対して、ソ・フィン国境の修正と、基地としての領土の貸与を求めた末、フィンランド側の拒否姿勢に直面して、両国間に結ばれていた不可侵条約を破棄し、軍事侵攻を開始した（百瀬宏『東・北欧外交史序説　ソ連＝フィンランド関係の研究』）。いわゆる「冬戦争」である。このソ連の行動も、独ソ不可侵条約の付属議定書での合意――「バルト諸国（フィンランド、エストニア、ラトヴィア、リトアニア）に属する領域の領土的・政治的変更」についての取決め――に裏打ちされていた。

「冬戦争」が始まった当初は、フィンランドがソ連に対して長期抗戦することはありえないとの予測が支配的であったが、フィンランド軍は予想外の戦闘を展開し、四〇年三月にようやく講和（フィンランドの領土の一〇分の一をソ連が獲得）が成立した。この戦争での犠牲者は、フィンランド側で二万人を超え、ソ連側では二〇万人（多くは寒気や補給欠乏による死亡）に達した。英仏独間の「奇妙な戦争」期は、ソ・フィン間では大規模な犠牲を生んだ本当の戦争期だったのである。

ソ連のこのような対外膨張は、かつてのロシア帝国の版図を回復（ポーランド東部にせよ、バルト三国、フィンランドにせよ、以前はロシア帝国の一部であった）するとともに、当面不可侵条約を結んでいるとはいえ、将来ソ連に攻撃をしかけてくることが予想されるドイツに備える領域を確保するという目的をもっていたと考えられる。広範囲にわたる対外膨張と支配圏の獲得をめざしていたドイツに比べると、防衛的な性格をもった膨張であったといってよい。とはいえ、それが暴力的な膨張・侵略であったことは事実である。

ヨーロッパでの戦争へのソ連のこのような関わり方は、各国の共産党員やその同調者の少なからぬ部分を困惑させた。その困惑は、戦争への対応に関する三九年九月のコミンテルンの指令によって、まずもたらされた。九月初めに戦争が始まったとき、共産主義者たちは、コミンテルン第七回大会以降の反ファシズム運動の延長線上で、この戦争を「反ファシズム戦争」としてとらえ、ドイツに対する戦争を支持する姿勢を示した。しかし、独ソ不可侵条約でドイツと結んでいたソ連の対外姿勢に対応して、コミンテルンは戦争の性格規定を「帝国主義戦争」へと変更し、戦争反対の態度をとるようになったのである。九月九日付のコミンテルン執行委員会書記局の「小テーゼ」は、「現在の戦争は帝国主義的な不正な戦争であり、その責任はすべての交戦国のブルジョアジーが等しく負うべきものである。どの国でも、労働者階級あるいは共産党は、この戦争を支持することはできない」と述べている（K・マクダーマット／J・アグニュー『コミンテルン史　レーニンからスターリンへ』）。この方針転換の結果、三〇年代後半、反ファシズム運動の先頭に立つなかで培われてきていた共産主義者の影響力は一挙に失われ、彼らの孤立の度は深まっていった。たとえば、教師であったイギリス共産党員は当時を次のように回想している。「黒板にむかってから振り返ると、教室の子供たち全員が腕を上げて私にナチの敬礼をしていたということは、決して忘れられない」（John Attfield/Stephen Williams, eds., *1939 : The Communist Party and the War*）。ソ連の政策に翻弄されたこのような人々の苦悩は、四一年の独ソ戦開始までつづいていくことになる。

フランスの敗戦と「ブリテンの戦い」

ドイツをめぐる「奇妙な戦争」は、一九四〇年四月にドイツがデンマーク、ノルウェーを席巻し、さらに五月オランダ、ベルギー、フランスへの攻撃を開始したことによって終わりを告げた。オランダとベルギーは速やかに降伏し、フランスも苦しい戦いを強いられた末、六月二二日に休戦協定を結んでドイツの軍門に下った。これによってフランスは、ドイツ軍による占領地区と、ペタン（第一次世界大戦における英雄とみなされていた軍人であるが、ドイツとの休戦派の先頭に立った）指導下の自由地区とに分割された。ペタンを首班（国家首席）とする自由地区の政府（ヴィシー政権）は、形式的には独立国家の政権とみなされていたが、実際はドイツに従属した政権であり、戦争の状況がドイツに不利になっていった四二年一一月以降は、この地域もドイツの占領下に置かれることになった。

このような状況をもたらした四〇年五月から六月にかけての時期は、フランス人にとって最大の屈辱の時となり、この敗北がなぜもたらされたかをめぐる議論が、さまざまな形で戦わされてきた。そのうち、戦争中に提唱されはじめ、戦後も強い影響力をもってきた見方が、「退廃」(décadence)というキーワードにフランスの弱体化の要因を求めるという見解である。第三共和政下の社会に広がった「退廃」の気運のなかで、ドイツの攻勢に対抗できるだけの活力をフランスの制度も指導者も欠いていた、とするこの説は、一九七〇年代以降の研究の進展によって批判の的となり、四〇年にいたる時期のフランスは経済的にも軍事的にもしっかりした軌道の上に乗っていたとの見方もあらわれてきた(Anthony Adamthwaite, *Grandeur and Misery*)。こうした議論を前提にすると、四〇年のフランスの敗北因は、軍事上の戦術的失敗などのより短期的な問題に求められることになる。しかし、「退廃」論は、以前よりも複雑な様相をとりつつも、まだ根強く残っており、フランスの敗北をめぐる論争には決着がついていない。

フランスの敗北前には、ドイツによる攻勢が活発化するなかで、フランスの屈服を防ごうとする試みが、イギリスによってなされた。フランスの降伏直前にイギリス首相チャー

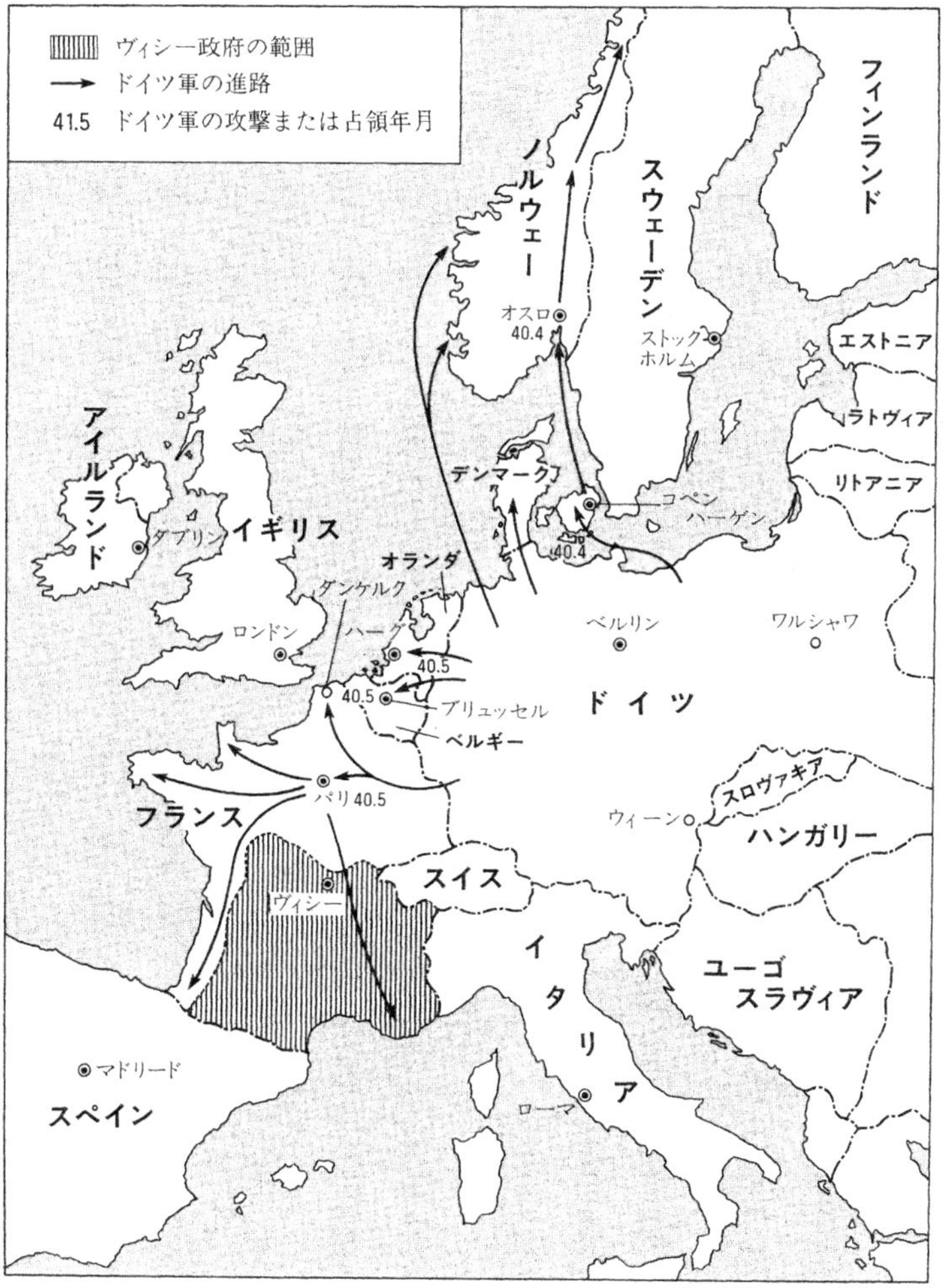

図7　1940年のヨーロッパ

チル（彼は、五月、チェンバレンに代わって首相に就任していた）がフランス側に申し出た英仏両国の統合計画もそうした試みの一つである。チャーチルは、「フランスとイギリスとはもはや二つの国家であることをやめ、一つの仏英連合となるであろう」との声明を発し、防衛・外交・経済に関わる共同機関の設立、議会の合同、市民が相互に相手側の市民権をもつことを提案した。この提案はきわめて突飛に見えるが、ドイツが試みることが予想されたヨーロッパ統一工作に対抗する意味あいをもって、しばらく前から英仏間で考えられていたもので、フランスの敗色濃厚という事態のなかで具体的に浮上してきたのである。一九九八年にタジキスタンでの平和構築作業中に殺害された秋野豊は、フランスの敗北によって忘れ去られてしまったといってよいこの宣言について、もしもフランスが降伏しなかったり、またフランスの降伏をよしんば防ぐことができなかったとしてもそれがなんらかの政治的効果を発揮したりしたとすれば、高い歴史的評価を受けたかもしれない宣言であった、と評価している（秋野豊『偽りの同盟　チャーチルとスターリンの間』）。

しかし、結局のところフランスの降伏は阻止しえず、それから翌四一年六月の独ソ戦開始まで、イギリスは孤独な戦いを強いられていくことになった。本書の冒頭で紹介したドイツによるチャネル諸島占領も、フランス敗北の直後に起こった。四〇年七月からは、イギリスの要地に対するドイツ空軍の空襲が開始されたが、それに先だって、ヒトラーはまたもやイギリスへの和平の働きかけを行った。イギリス政府内には、大陸諸国の敗勢を前にしてそれに心を動かされた人々も存在したものの、チャーチルは耳を傾けようとしなかった。近年、イギリスがこのころヒトラーの和平提案を受け入れていれば、ヨーロッパを支配するドイツと海外帝国を支配するイギリスとの共存が実現し、世界のなかでのイギリスの力が保たれたはずであるという類の議論が、強い「帝国意識」をもつイギリスの右派歴史家から出されてきているが、その選択肢は現実にはありえなかったといってよい。

イギリスへの空襲は、空からの攻撃で人々の士気をくじいておいてから、イギリスへの上陸作戦を行おうとするドイツ側の思惑に基づいていた。「あしか作戦」と名づけられたこのドイツの作戦計画によれば、三日間で二六万人の軍隊による英本土上陸が予定されていた。しかし、ドイツ側の予測は完全にはずれた。空襲による被害は確かに甚大であったが、新たに開発されたレーダーが来襲するドイツ機の位置の捕捉に力を発揮し、ドイツ空軍側の損害も大きかった。この「ブリテンの戦い」（空襲下でのイギリスの人々の戦いはこう呼ばれた）の期間を通じて、イギリス側の士気は衰えず、ドイツ軍は「あしか作戦」を実行に移すことができなかったのである。

ただし、孤立した戦いはイギリスにとって当然重い負担となった。その状況下でイギリスが支援を期待したのは、アメリカである。アメリカはそれに応え、「ブリテンの戦い」が激化していた四〇年九月にイギリス帝国内のいくつかの島にある基地借用への見返りとして五〇隻の駆逐艦をイギリスに与え、さらに四一年三月に武器貸与（レンドリース）法を成立させて、軍需品・武器・食糧の提供を始めた。アメリカは、ヨーロッパにおいてもアジアにおいても戦争の局外に立っていたが、このような形で、実質的な関与を深めていったのである。

三国同盟の成立

ヨーロッパでの戦争勃発後、日本はヨーロッパ戦争への不介入を宣言し、列強の眼がアジアからそれている間に、長引いていた日中戦争での勝利をめざそうとした。しかし、軍事的制圧をめざす動きと並行して、重慶の中国政府との和平工作（中国政府首脳の宋子文の弟宋子良を自称する男を介した桐工作が有名であるが、この工作は中国側の陰謀とみられている）などが試みられたものの、手詰まり状況の打開はできなかった。

ヨーロッパでの戦争における「奇妙な戦争」の終結と、それにつづくドイツの急進撃は、このような事態を打開する機会が到来したとの感を、日本の戦争指導者に抱かせた。東南アジアを支配していたオランダやフランスが敗れ、イギリスも窮地に陥ったことで、戦争を成功裡に遂行するための東南アジアでの資源確保や、東南アジアからの中国支援ルート閉鎖に好都合な環境が生じたと考えられたのである。こうした思惑のもと、四〇年七月末に作られた「基本国策要綱」では、「大東亜新秩序」建設が主張され、「世界情勢の推移に伴ふ時局処理要綱」では、ドイツ、イタリアとの政治的結束強化がうたわれることになった。この二国との協力を深化させることによって、いっそうの侵略拡大を図り、それを対中戦争の突破口にしようとする日本の姿勢が、露わになっていった。

この姿勢は、ヨーロッパで孤立した戦いを強いられていたイギリスによるビルマからの中国支援ルートの一時閉鎖（日本からの強い要求のもと七月一七日に三ヵ月間の閉鎖を決めた協定が結ばれた）、九月二三日の北部仏領インドシナへの日本軍進駐、九月二七日の日独伊三国軍事同盟締結という形で実現していった。

ムッソリーニは、ヨーロッパでの開戦に際して参戦するか否かをさんざん迷ったあげく中立を決め、「奇妙な戦争」が終わってドイツの西方攻撃がはじまった五月半ばにようやく参戦の方針を決めた（その発表は六月一〇日）ばかりであり、独伊関係は安定したものではなかった。また当時のドイツの対日姿勢も揺れをみせており、第二次世界大戦の陣営配置を確定したともいえる日独伊三国軍事同盟は、決して堅固な土台の上に乗っていたわけではなかった。しかし、ヨーロッパでの攻勢を本格化したドイツ、参戦に踏み切ったイタリア、中国侵略に加えて南進を決意した日本が、この時点で最終的に手を結んだことは、国際ファシズム陣営の確立を示す重要な事態であったといってよい。三国同盟締結の翌日九月二八日の『朝日新聞』の論説は、「日独伊三国が、こゝにこの軍事同盟を結ばざるを得ざるに至つたことは、世界旧秩序を何処《どこ》までも強制して、これを維持せんとする無理が端無《はしな》くも破綻して、新なる秩序の建設が東亜と欧州の地域において、期せずして発展するに至り、旧秩序維持者流の圧力と阻力に対し、勢ひこの態制を採らざるを得ざらしめたからである」と、その意味を論じていた。このような形で、三国同盟の成立は、アジアの戦争とヨーロッパの戦争を結びつける重要な布石となったのである。

ただし、この同盟がいかなる効果をもち、どのような方向に進んでいくかに関しては、多様な見解が存在した。たとえば、同盟成立時、ドイツ外相リッベントロープは、同盟がソ連に対してもアメリカに対しても効果があると考えていたのに対し、イタリア外相チァーノの方は、これはアメリカをイギリスの側にさらに引き込む働きをするだけであると冷ややかに見ていた。事実、すでに見たようにアメリカのイギリス支援姿勢は、このころから積極性を増していった。

一方、三国同盟の成立によって日本とドイツの両同盟国に挟まれる形となったソ連を三国同盟に引き込もうとする構想が、日本でもドイツでも存在したことに着目する必要があろう。日本では、三国同盟を実現した近衛文麿《このえふみまろ》首相や松岡洋右《ようすけ》外相が、日独伊ソ四国間の提携関係をつくりあげようと考えていた。独ソ不可侵条約のもとでソ連が対外膨張に乗り出したことは前述したが、そのようなソ連をも加えて、世界再分割を行う陣営を整えようとしたのである。そのために四一年一月に作成された「対独伊蘇交渉案要綱」には、世界を大東亜圏・欧州圏（アフリカを含む）・米州圏・ソ連圏（インド、イランを含む）の四大圏として、イギリスにはオーストラリアとニュージーランドを残すという案が盛り込まれていた（森茂樹「松岡外交における対米および対英策」『日本史研究』四二一）。

一方のドイツでは、リッベントロープ外相が、やはり日独伊ソ四国提携構想を抱いていた。ヒトラーもまたこのころリッベントロープの考えに同調する形で、四ヵ国にフランスとスペインも加えた形でイギリスに対する戦争を遂行することを構想していた（R.A.C. Parker, *The Second World War. A Short History*）。ドイツが東欧・東南欧を支配するかたわら、ロシアはペルシア湾の方へ、日本は南方へ、イタリアはエジプトへと進み、スペインはイギリス領のジブラルタルを攻撃してフランスとともに北アフリカを抑えるという計画である。日本にせよ、ドイツにせよ、「奇妙な戦争」終結後のヨーロッパでの戦況に鼓舞されていた様子が、こうした案によく示されていたといえよう。

付言しておけばリッベントロープは、ドイツが仲介して日中戦争の和解を進め、三国同盟にソ連のみならず中国をも加わらせるということまで考えていた（田嶋信雄「日独関係・独中関係の展開」五百旗頭真・北岡伸一編『開戦と終戦　太平洋戦争の国際関係』）。ヨーロッパの戦争でのドイツの勝勢が中国の国民党勢力を動揺させ、日本との和平も議論の対象になってきていたことは確かである。しかし、中国共産党軍（八路軍《はちろぐん》）は日本軍に対して四〇年八月から大規模な攻勢（百団大戦）を開始していた。その戦闘は軍事的には成功したとは言い難かったものの、政治的には中国民衆の抗日意識を高める力をもったのであり、日中間の和解が現実化する可能性は存在しなかった。ソ連の処遇をめぐっては、四国協調のために日ソ関係をまず調整しようとする松岡洋右《ようすけ》の試みが、難航の末、四一年四月、日ソ中立条約という形で実を結ぶにいたった。これは松岡外交の成功とみえたが、実際には松岡はヨーロッパでの情勢展開の方向を完全に見誤っていた。日ソ中立条約が結ばれたときには、日ソ提携、日独伊ソ四国提携の中心的骨組みとなるはずの独ソ協調が完全に崩

図8　イギリスの漫画家デイヴィッド・ロウが描いた三国同盟とソ連

それぞれ「アジアの盟主」「ヨーロッパの盟主」「アフリカの盟主」を名乗る日独伊三国を前に，「自分には何もないのか」というスターリンを，「心配御無用，すぐにヒトラーがあなたのためにも新秩序を用意してくれますよ」とリッベントロープ外相がなだめている(David Low, *Europe at War*〔Harmondsworth, 1941〕より).

れ去ることが、すでに決定的となっていたからである。

独ソ戦争

ヒトラーが対ソ戦争開始の決意を最終的に固めたのがいつであったかは、はっきりしない。しかし、一九四〇年一二月一八日には、ソ連との戦争の準備を命ずる指令（バルバロッサ作戦命令）が出され、それ以後、ドイツは対ソ戦の用意を整えていった。そして、日ソ中立条約の調印から二ヵ月余り後の四一年六月二二日、ドイツによる攻撃で独ソ戦の火蓋は切って落とされた。

ヨーロッパでの戦争の様相を著しく変えたこの独ソ戦の開始は、ドイツにおいてもソ連においても戦争をめぐる記憶のひとつの焦点となり、それについての論争がたたかわされてきた。

一九八〇年代のドイツでは、独ソ戦争はスターリンの側が対独攻撃を計画していたのに対してドイツ側が機先を制することによって始まったとする、いわゆる「予防戦争」論をめぐる論争が、プロローグで触れた「歴史家論争」といわば軌を一にする形で展開された。「予防戦争」論を展開した論者たちによると、スターリンは資本主義列強を対立させ弱体化させるために独ソ不可侵条約を結んだのであり、その延長線上で、一九四一年中、遅くとも四二年にはドイツを攻撃する計画を立てていた。ドイツは、そのようなソ連の姿勢によって強いられる形で、「予防戦争」に踏み切ったにすぎない、ということになる。こういった見解は、独ソ戦当時からドイツ側の自己正当化の議論として持ち出されていたものであり、目新しいものではなかったが、それが現代ドイツの保守的マスメディアの助けを借りて八〇年代に再生したのである（大木毅「独ソ戦の性格をめぐって」『西洋史学』一六九）。しかし、「予防戦争」論の史料的根拠はきわめて薄弱であり、独ソ戦の開始責任があげてドイツ側にあることは、歴史学的には確定しているといってよい。

この「予防戦争」論は、ペレストロイカによって大きく変貌し体制の動揺が強くなっていた八〇年代末のソ連においても、マスメディアで取り上げられ、反響を呼んだ。独ソ戦開始時のソ連に関しては、ドイツの戦争準備についてさまざまな警告がなされていたにもかかわらずスターリンがそれを無視していたため、当初ソ連が大敗を喫したという経緯があった。その経緯を説明するうえで、「予防戦争」論は有力な議論とされたのである。独ソ戦争でのソ連の立場が完全に防衛的なものであったとの考え方が、ソ連では一貫して守られてきていたことを思えば、たとえ根拠の薄い主張であっても、こうした説が社会的に浮上してきたという点自体、ソ連体制崩壊の一つの徴候であったといってよいであろう。

独ソ戦は、ドイツの激しい攻撃（陸軍戦力の四分の三がソ連戦線に投入された）の前に、ソ連軍が敗走を重ねるという状況で展開を始めた。ヒトラーは四ヵ月あればソ連を片付けられると語ったというが、イギリスやアメリカなども、ソ連の速やかな敗北は必至とみていた。独ソ戦開始後、イギリスがソ連と同盟関係を結び援助をする姿勢をみせたことについて、前にも名前をあげた秋野豊は、本格的な援助を与える前にソ連が敗北することがイギリス側の前提となっていた点を強調し、この英ソの関係を「偽りの同盟」と呼んでいる（秋野豊『偽りの同盟　チャーチルとスターリンの間』）。

しかし、ソ連は必死の防戦を行い、短期での勝利というドイツの思惑は実現しなかった。そして四一年一二月五日には、スターリンがドイツ軍に対する反攻の命令を下すにいたった。日本の真珠湾攻撃の直前のことである。このように独ソ戦をソ連がもちこたえたことは、第二次世界大戦全体の帰趨《きすう》にとって決定的な意味をもったと考えられる。もしもこの局面でソ連がドイツに敗れていたと想定してみるならば、その後アメリカが参戦したとしても、戦争ははるかに長引いたであろうし、連合国の勝利という結果に終わったかどうかも疑わしいのである。

独ソ戦の開始と帰趨は、当然アジアでの戦争にも大きな影響を及ぼした。中国との戦争が手詰まりとなるなかで、四〇年以降日本軍の眼は南方に向けられるようになっていたが、

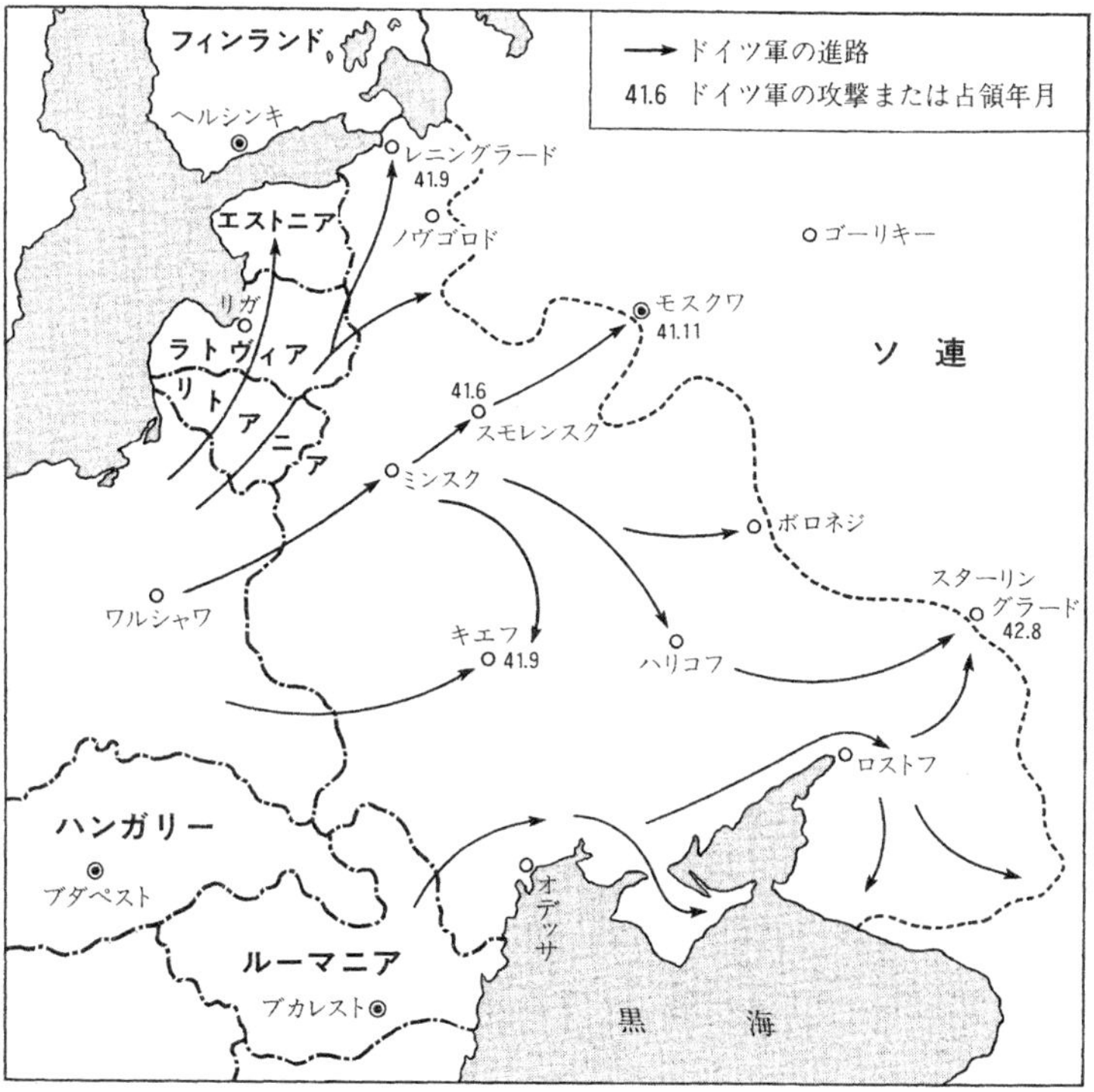

図9　独 ソ 戦（1941〜42年）

独ソ戦が始まると、日本陸軍の参謀本部はソ連に対する北方での戦争を主張しはじめたのである。日ソ中立条約を少し前に結んだばかりの松岡外相も、この情勢のもとで北進論を唱えた。その結果、四一年七月二日の御前会議では、南進論と北進論を併記した「情勢の推移に伴ふ帝国国策要綱」が採択され、南進論の方は南部仏領インドシナへの進駐（七月二八日から）、北進論の方は「関東軍特種演習（関特演）」という呼称でカムフラージュした対ソ戦準備（約七〇万人の兵力を集中）という形をとった。しかし年内にソ連に対する戦争を行うことは、八月九日に最終的に断念された。対ソ戦を実施するための季節的条件をめぐる判断がこの決定を促したが、もしも独ソ戦でのドイツの進撃がより早かったとしたならば、アジアでの戦争の方も日中戦争から日ソ戦争へと拡大していた可能性も考えられる。現実には、北進を当面行わないという日本のこの姿勢は、ゾルゲによってソ連側に伝えられ、ソ連は対日戦備を対ドイツ戦に回すことができた。ヨーロッパの戦争とアジアの戦争が、互いに影響しつつ連動していたことが、ここにもはっきりと見て取れる。

独ソ戦については、さらに、それがファシズムと戦おうとする人々の戦列をそろえるという効果をもった点に触れておかなければならない。先に指摘した、各国の共産主義者のディレンマが、独ソ開戦によって解消されることになったのである。共産主義者やその同調者たちは、この戦争を再び「反ファシズム戦争」と定義し、ファシズム諸国に対する戦争や抵抗運動に積極的に関わっていった。

真珠湾への道

日本は、北方での戦争を当面断念したものの、南方に向けては武力行使の準備を進めていった。七月末の南部仏領インドシナへの進駐に対して、八月一日アメリカが日本への石油輸出を全面的に停止したことにより、日本は資源確保のためにも南進をあくまで追求するか、アメリカやイギリスとの戦争を避けるために南進の方もあきらめるかという決断を迫られることになった。南進方針の放棄は、日中戦争継続の見通しを暗くさせ、中国からの撤収につながる道であった。四一年四月以降つづいてきていた日米間の交渉が行き詰まっていたなかでのこうした事態を克服する目的で、首相近衛文麿はローズヴェルト大統領との首脳会談をアメリカ側に提案したが、アメリカ側では国務省内に反対の意見が強く、会談は実現しなかった。

本書では、一九三〇年代について、戦争への道に代わりうる選択肢の可能性について筆者の見方を提示しておいた。しかし四一年のこの時点になると、それまでの侵略行動の結果を大きくそぎとってしまいかねない「後退」の決断は、はるかに困難になっていた。事実、日本の軍部はこのような状況のもとでアメリカやイギリスとの戦争開始の方向を選び取り、それに向けて突き進んでいった。九月三日の大本営政府連絡会議での、一〇月上旬ごろになっても外交交渉で要求を貫徹しうる目途《めど》がない場合には、ただちに開戦を決意するとの方針決定（これは天皇も出席した九月六日の御前会議決定となった）が、その後若干の曲折をへながらも、一一月末の日米交渉決裂をへて、一二月八日（米時間では一二月七日）のマレー半島上陸作戦（イギリスとの戦争の開始）とハワイの真珠湾への奇襲作戦（アメリカとの戦争の開始）につながっていったのである。

日本の戦争開始にいたる事情をめぐっては、いくつかの点をめぐって活発な議論がなされてきている。たとえば、一一月末の日米交渉でアメリカ側から日本に手交されたハル・ノート（中国とインドシナからいっさいの軍隊・警察力を撤収することなどを求めた文書）が日本にとってあまりに屈辱的なものであったとして、それが戦争回避を不可能にしてしまったと、むしろアメリカ側を批判する見解がある。また、ローズヴェルトやチャーチルが、情報機関を通じて日本軍の行動を知っていながら、アメリカの参戦を容易にするために故意にそれを阻止しようとしなかったと、英米側の「陰謀」を説く議論もある。後者が史料的根拠がきわめて薄く取り上げるに足らない議論であるのに比べ、前者は確かに検討すべき内容を含んでいるが、筆者は、たとえハル・ノートの内容が違ったものであったとして

図10　真珠湾攻撃の後，宣戦布告書に署名するローズヴェルト米大統領

（A. J. P. Taylor, *The Second World War. An Illustrated History*〔London, 1975〕より）

も、攻勢的な日本軍部の動きのもとでは、戦争回避という可能性はきわめて小さかったであろうと考えている。

ここで注意しておくべき点は、開戦にあたって日本軍がヨーロッパでの戦争の状況を意識し、いわばドイツ頼みともいうべき姿勢をとっていたことであろう。開戦を前に四一年一一月に軍部によってつくられた「対米英蘭蔣戦争終末促進に関する腹案」という文書は、戦争勝利への道程として、まず日独伊が協力してイギリスの屈服を図ることが重要であるとしつつ、独伊による近東・北アフリカ・スエズ作戦、対英封鎖、情勢が許す場合の英本土上陸作戦に期待をかける態度を明白に示していた（外務省編『日本外交年表並主要文書』下）。自らのアジアの戦争とヨーロッパでの戦争とを、自分たちに有利な形で結びつけようとした、このような日本の指導部の思惑は楽観的な夢でしかなかった。

日本の行動によるヨーロッパでの戦争とアジアでの戦争の結合（すなわち真の意味での世界大戦の開始）が、アメリカの参戦という要素を伴ったことは、こうした夢の危うさをはっきりと示していた。日本の真珠湾攻撃の報に接したとき、チャーチル英首相は、それによってアメリカが戦争に加わることを念頭に置いて「これで結局われわれの勝利が決まった」と安堵の念を表明したが（Henry Pelling, *Britain and the Second World War*）、チャーチルのこの楽観の方が当たっていたのである。ただし、チャーチルは日本軍の力を過小評価しており、彼の安堵もすぐには現実のものとはならなかった。

大戦の帰趨

連合国陣営の成立と戦争目的

日本軍によるマレー半島上陸、真珠湾攻撃のあと、四一年一二月一一日、ドイツ、イタリアもアメリカに対して宣戦を布告し、一方におけるイギリス、アメリカ、ソ連を中心とする連合国陣営の間での第二次世界大戦が始まった。連合国側は、四二年の年初に「連合国共同宣言」を発した。この共同宣言は、四一年八月にローズヴェルト米大統領とチャーチル英首相がアメリカで会談して出した「大西洋憲章」（領土不拡大、民族自決の原則、世界の通商・原料の均等な解放などがうたわれた）の目的と原則に賛意を表すると述べ、「大西洋憲章」が連合国側にとってこの戦争の戦争目的となることを示した宣言であった。先の第一次世界大戦に際してこれに対応する戦争目的の表明（米大統領ウィルソンが発表した一四ヵ条、およびほぼそれと時を同じくしてイギリスのロイド＝ジョージ首相が出した声明）が行われたのが、開戦後三年半近くたった一九一八年初頭であったことを考えると、第二次世界大戦におけるその発表の早さは印象的である。

戦争に際しては、交戦国はそれによって達成すべき目的をもっている。しかし、領土拡大など侵略的な目的はそのままの形では公にしえないため、歴史上多くの場合、戦争目的は戦争を遂行する指導者層のなかでの秘密の合意という形をとってきた。しかし、第一次世界大戦の場合、戦争が長引き、しかも主要な交戦国の一つであるロシアがロシア革命によって戦線を離脱したばかりでなく、ボリシェヴィキが「平和に関する布告」によって領土併合と賠償の放棄に基づく講和交渉を呼びかけるにいたって、イギリスとアメリカは、戦争への国民の協力を維持し総力戦の体制を継続するために、その戦争が侵略をめざすものではなく、よりよい世界を建設するためのものであることを、戦争目的として表明することを迫られた。連合国側は、こうした第一次世界大戦の記憶にも学びつつ、いち早く戦争目的を公表することによって、総力戦貫徹の姿勢を示したのである。

他方、枢軸国側では、それに対応するような戦争目的の表明はなされなかった。一九四〇年九月に結ばれていた日独伊三国条約も、それぞれの国のめざす「新秩序」を互いに認めると述べていただけであったし、世界大戦の開始後には、四一年一二月に各国が単独で講和しないことなどをうたった日独伊行動協定が結ばれ、さらに四二年一月には東経七〇度の線を日伊両国と日本の軍事作戦地域の境界線とする協定がつくられたものの、統一した戦争目的のもとでの具体的な協力体制が築かれることはなかったのである。

ただし、連合国の側での戦争目的表明も、その陰にさまざまな思惑が秘められていたことは、指摘しておく必要があろう。先に述べたように、「連合国共同宣言」は、「大西洋憲章」を基礎としていたのであり、連合国の戦争目的にとっては「大西洋憲章」がもった意味が大きい。この憲章の第三項目では、「両者〔ローズヴェルトとチャーチル〕は、すべての国民に対して、彼らがその下で生活する政体を選択する権利を尊重する。両者は、主権および自治を強奪された者にそれらが回復されることを希望する」と、主権を奪われていた人々、すなわち植民地支配のもとに置かれていた人々の民族自決の権利が承認されていた。しかし、チャーチルはイギリスに戻ってから、憲章中のこの部分が、「インド、ビルマやイギリス帝国のその他の部分」の将来についてのイギリスのこれまでの政策に影響を及ぼすものではなく、「イギリス国王に忠誠を誓っている地域や住民の自治制度の進展」

とはまったく別問題であると、わざわざ議会で言明した。

三九年九月のヨーロッパでの戦争開始直後から、イギリスに戦争協力をもとめられたインドでは、民族運動組織の国民会議派が、「民主主義と帝国主義に関する」戦争目的の提示をイギリス政府に求め、インド独立についてのイギリス側の約束が得られないなら、戦争協力には応じられないという態度をとっていた。これに対してイギリス政府は、イギリス帝国の将来の見通しを含む戦争目的の明確化には応じないという対応を示してきており、チャーチルによる「大西洋憲章」第三項への留保も、そうした姿勢の延長線上に位置していたのである。連合国側の戦争目的のなかのこの側面をめぐる葛藤については、本書でも後に改めて取り上げることにするが、第二次世界大戦の性格理解に関わるきわめて重要な問題が、ここには提示されている。

戦局の推移

連合国側の戦争体制が米英ソの協力関係（「大連合」）を軸としてつくりだされたとはいっても、現実の戦局自体は、世界大戦の開始後、枢軸国側に有利に展開していった。とりわけ、東南アジアでの日本軍の進撃は速やかで、マレー半島を席巻した後に四二年二月一五日にはシンガポールの占領に成功した。シンガポールは、アジア太平洋におけるイギリス帝国の軍事的中心として位置づけられていた所であり、それがあっけなく日本軍の手に落ちたことは、イギリスにとってこの上ない衝撃であった。中国の重慶にいたオーストラリア大使は、「極東でのイギリス帝国は威信に依存しているが、その威信が完全にうち砕かれてしまった」と、マレー半島、シンガポールでのイギリスの敗北の意味を説明している（クリストファー・ソーン『米英にとっての太平洋戦争』上）。東南アジアでの今ひとつのイギリスの領土ビルマへも日本軍は急速に侵攻し、三月八日にラングーンを占領した。また日本はすでに地歩を確立していたインドシナではフランス植民地当局への圧力を強化する一方、オランダ支配下のインドネシアへは軍事侵攻を行い、三月九日にオランダ側を降伏させた。さらにアメリカ支配下のフィリピンでは、米・フィリピン軍の抵抗でかなりてこずったが、五月七日に米側を降伏させた。こうして、インドシナにフランス（ドイツの実質的支配下にあったヴィシー政権）の勢力が残りはしたものの、東南アジア地域はそれまでのヨーロッパの植民地地域から日本の支配地域へと変貌した。

アジアでの日本軍の大勝利は、連合国側に深刻な危機感を与えた。しかし、連合国の軍事戦略の重点は、ヨーロッパでの戦争の方に置かれていた。まずドイツを敗北させることが肝要であり、そのためにはソ連の対独抗戦の継続が鍵になると考えられていたのである。そのソ連は、四一年からのレニングラード（現、サンクトペテルブルク）をめぐる攻防戦に

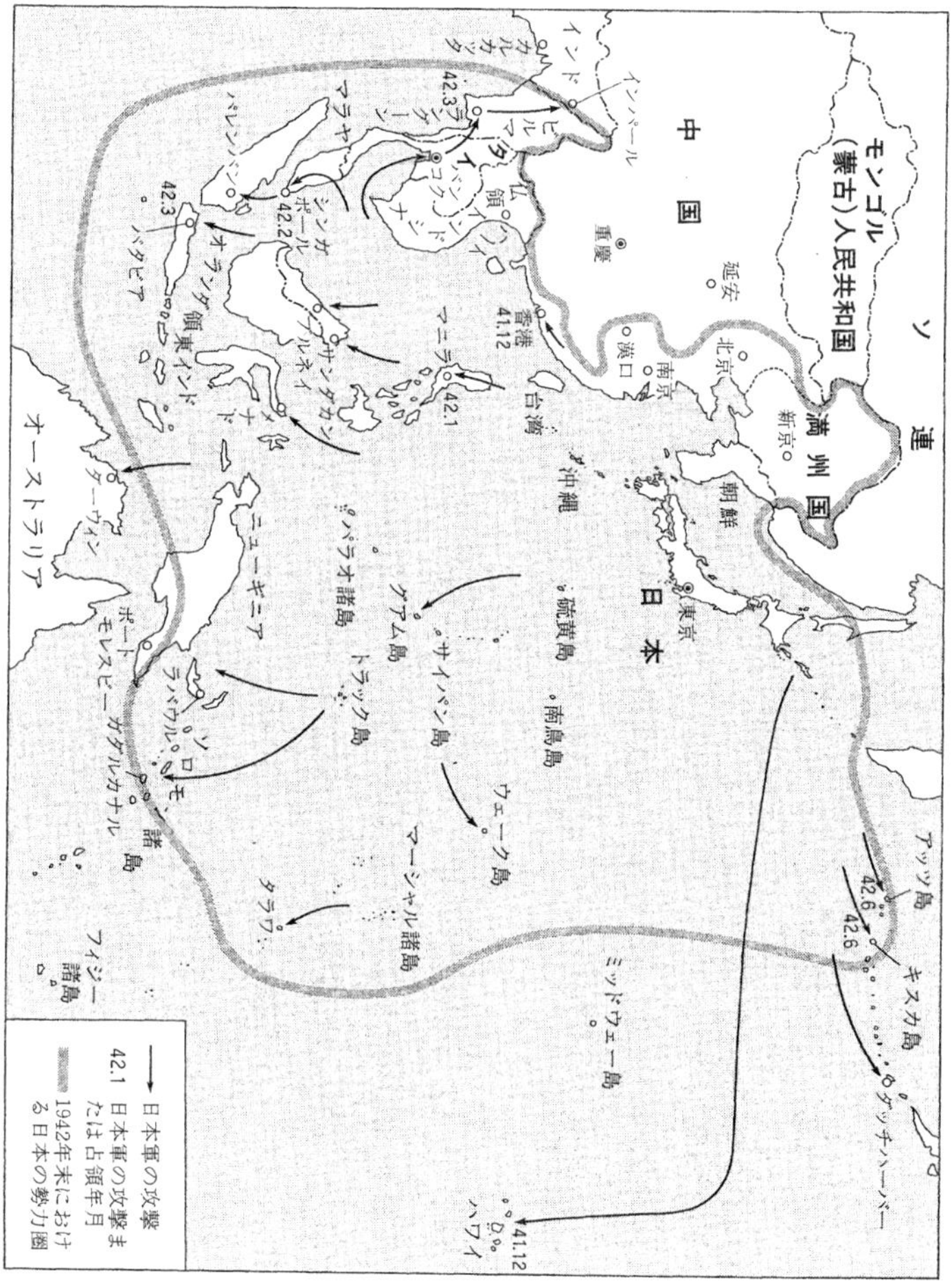

図11　アジア太平洋戦争（前半期．1941～42年）

加え、四二年八月からは、スターリングラード（現、ボルゴグラード）に対するドイツ軍からの猛攻撃にさらされることになった。こうした状況のなかで、スターリンは米英に対して、西側のフランスから軍隊を上陸させてドイツの戦力をそちらにも割かせるようにすること、すなわち「第二戦線」の形成を求めつづけた。しかし、これはイギリスの消極姿勢のためにすぐには実現しなかった。イギリスがドイツへの反攻に際して、多くの犠牲を伴う可能性があるフランス上陸作戦よりも都市を目標とした戦略爆撃を重視していたことも、この姿勢の一要因であったが、さらに、イギリス帝国の権益確保につながる地中海、北アフリカ、中東方面での作戦の方を追求しようとする「帝国の論理」がここで働いていたことも見逃せない。

イギリス側のこのような思惑と結びついた戦争は、北アフリカのフランス植民地への上陸作戦（「トーチ作戦」）として、四二年秋に実現されることになった。この作戦は成功をおさめ、連合国側の勝勢に寄与したが、ドイツの敗北に向けてより大きな意味をもったのは、スターリングラードの戦いにおけるソ連軍の勝利（一九四三年二月）であった。「第二戦線」がつくられないままで、ソ連はドイツの攻撃に耐えた末、勝利したのである。スターリングラードの戦いで死傷したり捕虜となったドイツ兵の数は一五〇万人にのぼり、東部戦線の戦力の四分の一近くに達した。これ以降、ヨーロッパでは連合国側が押し気味に戦争を遂行していくことになった。「第二戦線」がノルマンディー上陸作戦という形で実現したのは、スターリングラードの戦いが終わってから一年以上たった四四年六月のことである。

独ソ間の戦争では、戦争指導の面でも、戦争のための軍需品生産などの面でも、ドイツ側の混迷に比べてソ連側が優位に立った。ドイツは兵器の大量生産の意味を軽視したが、ソ連は「ロウ・テク」のものながら戦車などの大量生産に成功したのである（Richard Overy, *Why the Allies Won*）。また戦争指導の面でも、独ソ戦の開始時には戦争指導者としての資質が疑われたスターリンは、その後専門家の助言によく耳を傾け、ヒトラーが迷走を重ねたのに比べてすぐれた資質をみせた、と評価されている。

この間、アジアでの戦局の様相も大きく変わっていった。四一年末から四二年春にかけての速やかな勝利で、自己の力の過信状態に陥った日本軍は、南太平洋に向けた大規模作戦の展開を始めたものの、四二年六月のミッドウェー島沖での日米間の海戦で、暗号解読などによってアメリカ側に手の内をよまれた末に大敗北し、さらに四二年八月から四三年二月にかけてのソロモン諸島ガダルカナル島をめぐる戦いでも著しい損害をこうむった

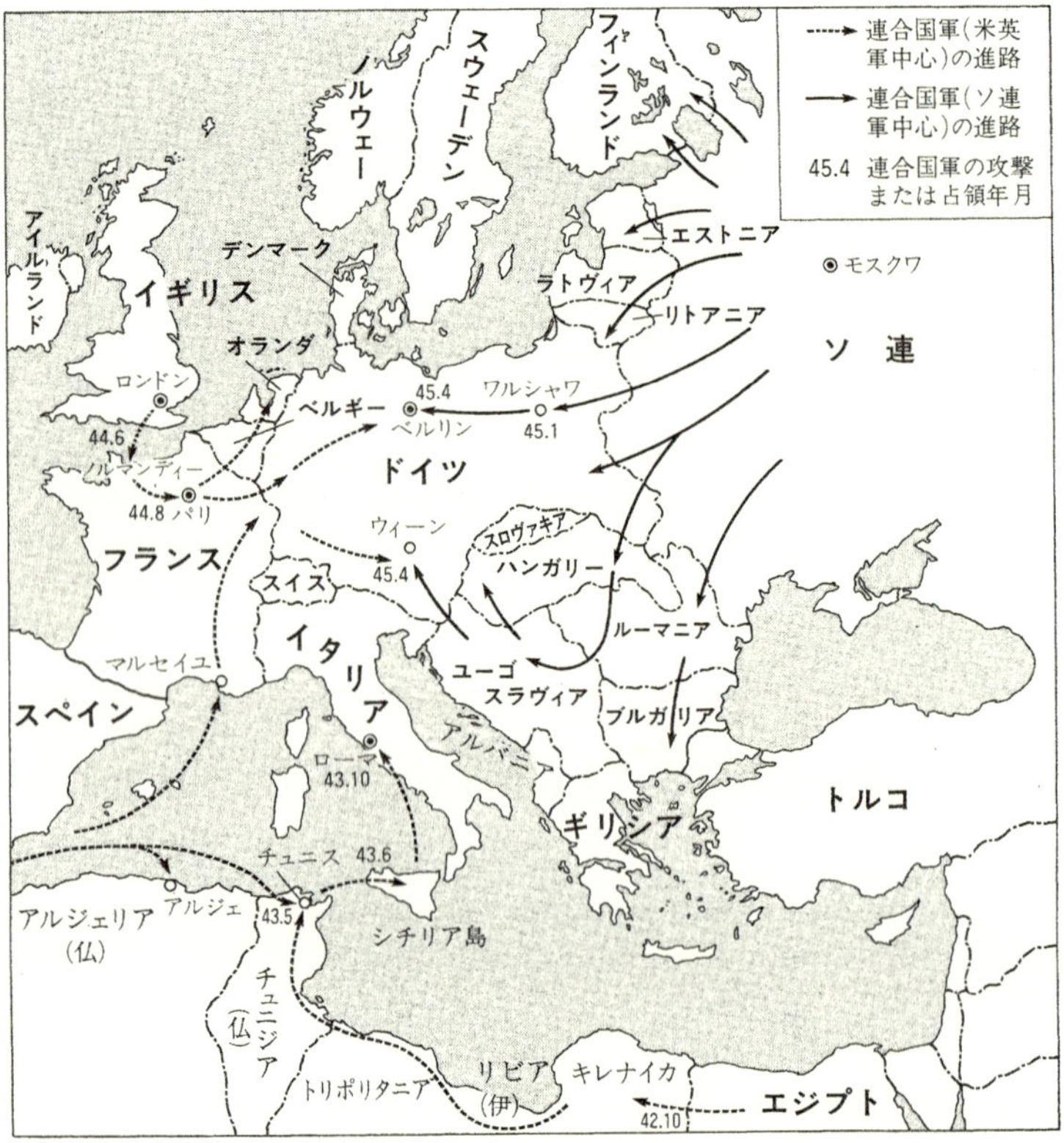

図12　連合国軍の反攻（ヨーロッパ・北アフリカ）

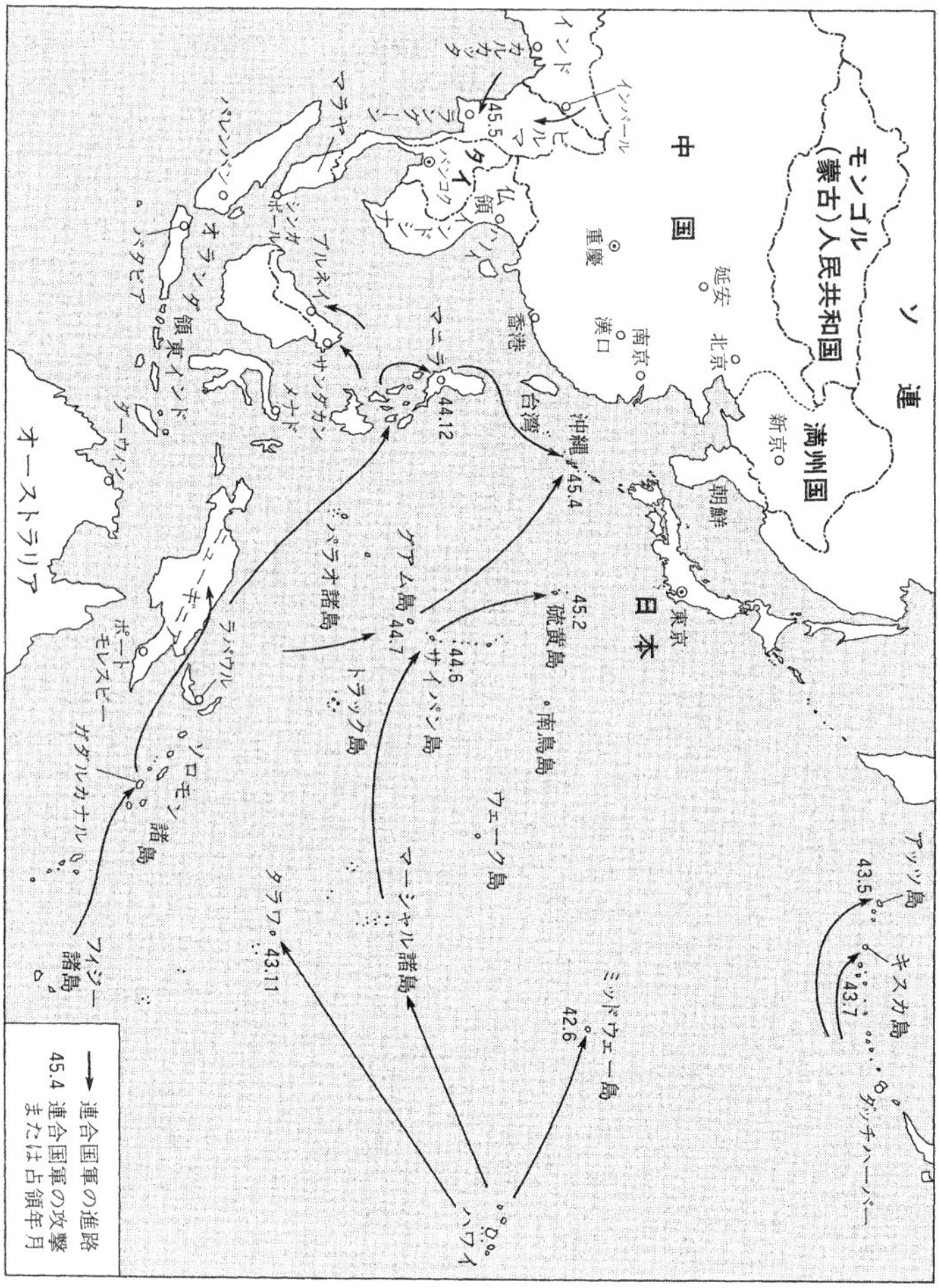

図13　連合国軍の反攻（アジア・太平洋）

(この作戦に投入した兵士三万六〇〇〇人のうち、実に二万一〇〇〇人が死亡した)。この二つの戦いにおける日本軍の敗北が、第二次世界大戦のアジア太平洋局面における転換点となり、これ以降、アジア太平洋の戦争でも連合国側が攻勢に立っていくことになった。

四三年九月には、連合国軍のシチリア上陸作戦に直面して、イタリアが内部から崩壊する形(国王も含む支配層がムッソリーニと袂《たもと》を分かつ決意をして彼を逮捕した)をとりつつ降伏した。この後、ドイツと日本が降伏するまでには二年近くを要することになったが、四三年以降は、ヨーロッパの戦争でもアジア太平洋の戦争でも、連合国側が主導権を握ったのである。

世界大戦の様相

日本軍の真珠湾攻撃をきっかけとして、ヨーロッパでの戦争とアジアでの戦争が結びついてから、この戦争は文字どおりの世界大戦としての様相を示しはじめた。

ヨーロッパとアジア太平洋というこの戦争の焦点となった二つの地域から一見遠く離れていると見える地域のなかには、直接の戦場となるところもあらわれた。南部アフリカの東方の島マダガスカルの例をあげてみよう。フランスの植民地であったマダガスカルは、フランスの敗北後、ヴィシー政権に支配されていたが、イギリス軍による上陸作戦の結果四二年秋にはフランス軍が降伏し、島はフランスのレジスタンス組織「自由フランス」（ド＝ゴールに率いられたこの組織は、フランス敗北時にイギリスで組織され、チャーチルとド＝ゴールの間の緊張関係を伴いながらも、イギリス政府に支持される形で活動していた）が結成していた国民委員会の統治下に入ることになった。イギリスがこの作戦に踏み切った動機は、四一年末以降の東南アジアにおける日本軍の進撃がインド洋にまで拡大してくることへの警戒心にあった。マダガスカル島のディエゴ・スアレスにあった海軍基地が、日本の潜水艦基地として使われる可能性をもイギリス側は危惧したのである。事実、四二年五月には日本海軍の特殊潜航艇によるイギリス艦艇への奇襲攻撃もなされている。ヨーロッパからもアジアからも遠く離れた西南インド洋のこの島で、ヨーロッパでの戦争とアジアでの戦争が接した姿に、世界大戦の構図の一端が示されている（藤野幸雄『赤い島　物語マダガスカルの歴史』）。

また別の視点から世界大戦としての性格をとらえる素材として、この戦争へのオーストラリアの関わり方を考えてみよう。イギリス帝国を構成する国々の重要な一員として、それまでイギリスの戦争に忠実に協力してきたオーストラリアは、第一次世界大戦の時と同様、一九三九年のヨーロッパでの開戦に際して、イギリスの戦争協力の呼びかけにすぐに応えて参戦した。同じ英連邦内の自治領であったカナダの参戦がイギリスの宣戦布告の一週間後であったのと対照的である。オーストラリアの軍隊は、やはり第一次世界大戦の時と同様、ヨーロッパと中東の戦線に大量に送られていった。地理的にはアジア太平洋に位置するオーストラリアの人々は、宗主国イギリスの戦争を助けるために、遠く離れたヨーロッパの戦争の一翼を担うことになり、北アフリカのキレナイカや、ギリシア、クレタ島などで戦った。

しかし、四一年一二月のアジア太平洋戦争の開始は、オーストラリアそのものが日本軍によって侵攻されるのではないかという危機感を高揚させることになった。二〇世紀の初頭から抱かれていた太平洋の北方からの脅威という感覚は、三〇年代に強まってきていたが、太平洋地域でオーストラリアを守ると約束していたイギリスが頼りにならないことがはっきりしてくると（オーストラリアの歴史家デイヴィッド・デイは、イギリスによる「大いなる裏切り」と表現している）、その危機意識が一挙に強まったのである。四二年二月一九日にオーストラリア北部の町ダーウィンが日本軍による空襲を受けたことは、日本の脅威をさらに現実的なものとしてオーストラリアの人々につきつけた。そうした状況のなかで、四二年一月には、イギリス政府は中東のオーストラリア軍のかなりの部分をオランダ領東

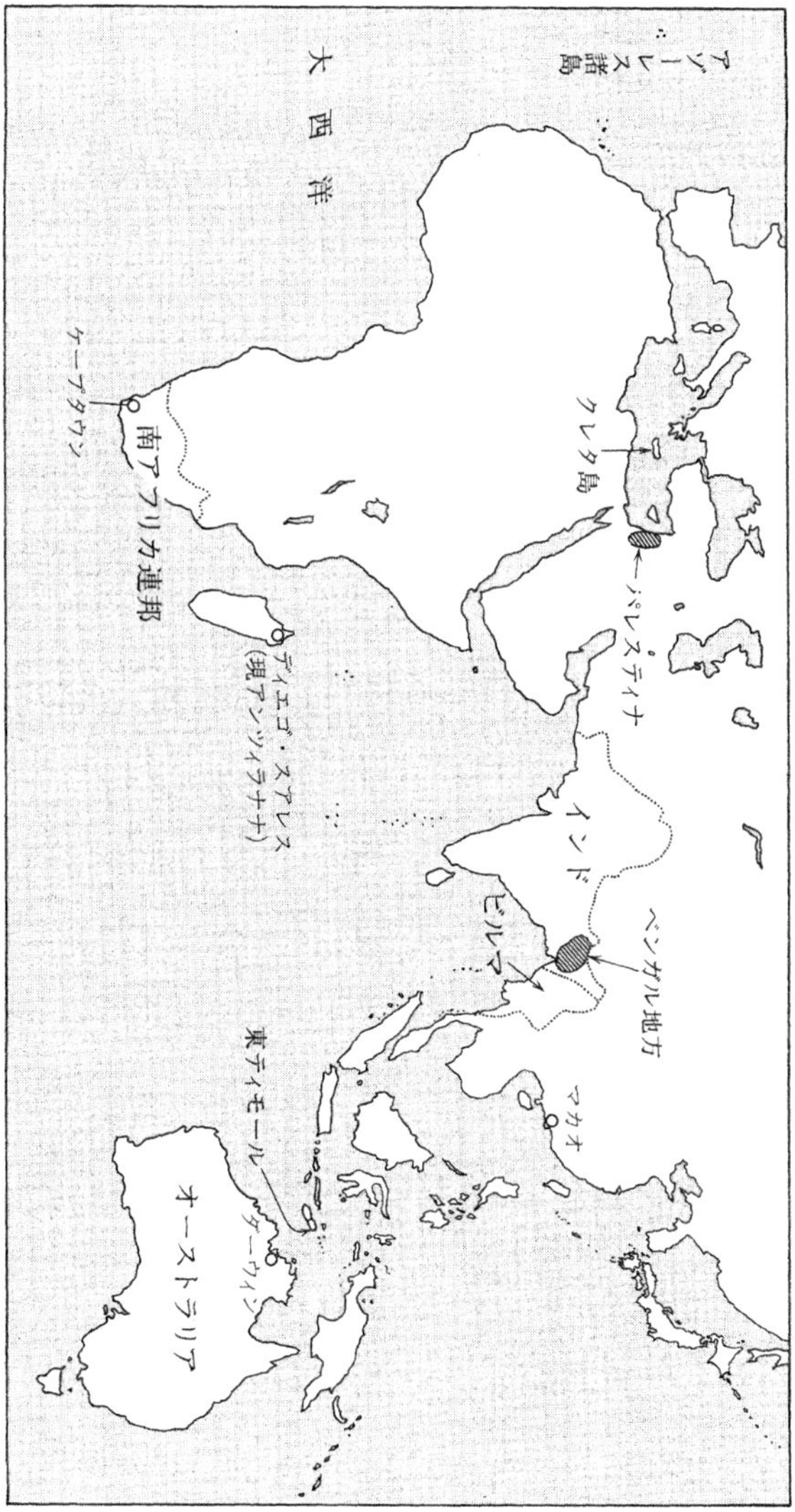
アゾレス諸島
大西洋
ケープタウン
南アフリカ連邦
クレタ島
パレスティナ
ディエゴ・スアレス
(現アンツィラナナ)
インド
ビルマ
ベンガル地方
東ティモール
マカオ
ダーウィン
オーストラリア

図14　拡大する戦争

インド（インドネシア）に移すことにし、さらにその後移送先をビルマにしようとした。イギリスは、オーストラリアの兵士をあくまでもイギリス帝国防衛の駒として用いようとしたのである。これはオーストラリア自体を守る力にはならなかったため、オーストラリア政府は軍隊の自国への帰還を望み、イギリスとオーストラリアの間で、強い軋轢《あつれき》が生じることになった。結局オーストラリア軍の大部分は本国に戻ることになったが、この成行きは、ヨーロッパでの戦争とアジア太平洋での戦争が結合した世界大戦という状況のなかで、それまではヨーロッパ（イギリス）に自国のアイデンティティの拠り所を求めていたオーストラリアが、苦悶した状況を示している（Joan Beaumont, ed., *Australia's War 1939–45*）。

さらに今ひとつ、後藤乾一の研究に拠って、ポルトガルの植民地をめぐる一つの動きを紹介しておこう。大戦中ポルトガルは中立国となっていたが、四三年一〇月、大西洋上の領土アゾーレス諸島の一島を英米がヨーロッパでの戦争のための軍事基地として使用することを認める協定をイギリスとの間で調印した。ポルトガルが中立的態度を保持する限り、アジアでのポルトガル植民地マカオの現状維持を保障するとの方針を打ち出していた日本は、これが中立宣言に違反するものだとして、抗議を行った。しかしポルトガル側は、アジア太平洋地域での今ひとつの植民地東ティモールに日本軍が進攻し事実上の支配下に置いていたことを理由として、日本側の抗議をはねつけた。これも戦局の全体からみれば小さなエピソードではあるが、ヨーロッパでの戦争とアジア太平洋での戦争の連動の様相を示している（後藤乾一『近代日本と東南アジア』）。

戦争終結への構想

すでに述べたように、一九四三年初めには、ヨーロッパでの戦争でもアジア太平洋の戦争でも、戦局は枢軸国側に不利な方向に大きく転換していた。このころから、第二次世界大戦の終結に向けてのさまざまな動きが出てくるとともに、勝利への道を見通しはじめた連合国内部の軋轢も目立ちはじめていった。

戦争終結の形に向けての議論としては、四三年一月にモロッコのカサブランカで開かれたローズヴェルトとチャーチルの会談に際して、枢軸国の無条件降伏という方針がはじめて公式に打ち出された点が重要である。交渉による講和・降伏という方式を否定し、戦勝国が完全にフリーハンドをもって敵に無条件での降伏を迫るというこの考え方は、ローズヴェルトが固執したもので、チャーチルは決してそれに積極的ではなかった。イギリスの軍部のなかでは、無条件降伏を主張することが、敵の抗戦を長引かせる結果につながるという見方も強かったのである。しかし、無条件降伏の路線はこの年からあいついで開かれた連合国間の会談（四三年一〇月の米英ソ外相のモスクワ会談、四三年一一月の米英ソ首脳のテヘラン会談、四五年一・二月の米英ソ首脳のヤルタ会談）で確認されていった。

ただし、無条件降伏によって実際にいかなる処遇のもとに敗戦国側が置かれることになるかという点は、すぐ後に述べるようにイタリアでその降伏方式が適用された後でも、明確にはされなかった。それを具体的にするようにとの声があげられても、無条件降伏方針を中心になって推進したローズヴェルトは耳を貸さなかった。このように内容はきわめてあいまいなまま、交渉による講和を否定する方針を追求することは、戦勝への気運がひろがり、英米側とソ連とが互いに相手と枢軸国との個別講和を危惧するようになるなかで、連合国の結束を維持する機能をもったのである。

無条件降伏が最初に実現したのは、四三年九月のイタリア降伏の時であった。イタリアの支配層内部でのクーデターでムッソリーニにとって代わったバドリオ政権は、国境の現状維持、ファシズム期以前にイタリアが支配していた植民地の領有、王制の維持などを求めて英米との交渉による講和を実現しようと目論んだが、連合国側はそれに応じず、無条件降伏に持ち込んだ。

無条件降伏に関しては、ローズヴェルトがそれを主張した際に、枢軸国の「哲学の破

図15　1943年1月のカサブランカ会議

左から2人目がローズヴェルト米大統領，右端がチャーチル英首相．この会議には「自由フランス」の指導者ド＝ゴール（右から2人目）も招かれた（Raymond Cartier, *Der Zweite Weltkrieg*〔München, 1967〕より）．

壊」（カサブランカ会談の際の彼の表現）を戦争終了の彼方に見通していたことに留意しておくべきであろう。単なる軍事的勝利でなく、枢軸国の体制そのものをつくりかえていく方針（＝反ファシズムという戦争目的の徹底）が、ここで打ち出されたのである。そして、そのための条件となる敗戦国の占領をめぐる方式も、四三年に議論されていくことになった。四三年七月、イギリスは米ソ両国に対して、枢軸国降伏後の休戦管理体制として米英ソ三国が対等に参加し、しかも全員一致で運営が行われるという仕組みを提案した。これは、ソ連とドイツの単独講和を不可能にするとともに、ソ連軍が解放するであろう東欧での占領体制をソ連に独占させないための布石であったが、その直後にイタリアが降伏することによって、イギリス側はディレンマに陥ることになった。すなわち、自らの提起した方針を実行するとすれば、イタリア占領にソ連を参加させなくてはならない羽目に陥ったのである。そのため、四三年一〇月にモスクワで開かれた三国外相会議で、イギリス外相イーデンは、イタリア占領にあたってソ連にオブザーバーとしての位置のみを割り当て、実質的に排除する方式をソ連に呑ませた。「当該枢軸国を直接軍事的に占領した連合国が事実上排他的な実権を握り、他の連合国は形式的参加を認められるにすぎない」（豊下楢彦『イタリア占領史序説』、傍点も豊下による）という「イタリア方式」がここに成立することになった。この方式は、後に東欧でソ連が排他的占領体制をしいていくことにつながっていったし、また日本の占領体制にも結びついた。

戦局の転換は、このような形で勝利を前提としての戦後世界における主導権争いを連合国の内部に生み出していった。そうした動きを最も露骨な形で示した（とはいっても当時公にされたわけではなくあくまでも秘密裡の取引であったが）のが、一九四四年一〇月にチャーチルとスターリンの間で合意されたいわゆる「パーセンテージ」協定である。これは、まずチャーチルがスターリンに対して、東欧・バルカン諸国について次のような勢力比率の提案を行い、スターリンも若干の修正を加えて（修正の後の数字はカッコ内）それに基本的に賛成したものである（水本義彦「英・ソ連『パーセンテージ』協定〈一九四四年一〇月〉の再考」『国際学論集』四〇）。

ルーマニア：ロシア九〇%、その他一〇%

ギリシア：イギリス（アメリカとともに）九〇%、ロシア一〇%

ユーゴスラヴィア：五〇%ずつ

ハンガリー：五〇%ずつ（ロシア八〇%、その他二〇%）

ブルガリア：ロシア七五%、その他二五%（ロシア八〇%、その他二〇%）

ギリシアとルーマニアに関する取引を中心としながら、勢力圏の分割を行おうとすることの交渉には、反ファシズム戦争遂行の陰でイギリスとソ連が追求していた「帝国の論理」がよくあらわれている。戦争の終結がいっそうはっきりと視界に入ってきた段階で、その論理が前面に出てきたのである。

一方、このような露骨な勢力圏的発想を好まないアメリカも、このころ、広範な海外基地網の展開構想や、ブレトンウッズ会議（一九四四年七月）でのドル基軸通貨制採択にみられるような経済攻勢によって、戦後世界を主導する強国としてのスタンスを明確にとるようになった。四四年から四五年の冬には、こうして世界は戦後へとすでに半歩踏み出していた。

大戦の終結

一九四五年二月にクリミア半島のヤルタで開かれた米英ソ三国首脳会談は、ヨーロッパ、アジア太平洋の戦後処理に関わる重要な問題（フランスも加えた四ヵ国によるドイツ占領管理、英米側とソ連側の間の最大の抗争点となっていたポーランドの新政府構想、ヨーロッパでの戦争終了後のソ連対日参戦に関する秘密取決め）を決定し、戦争終結が近いことを示す会談となった。

敗戦色が濃厚となったドイツでは、ヒトラーがあくまでも戦争継続に固執し、焦土作戦も辞さないという態度をとっていたのに対し、ナチ党幹部や軍の上層部などのなかでは、連合国側との個別の休戦工作を行おうとする動きが広がってきた。ゲーリングやヒムラーは英米との休戦を、ゲッベルスはソ連との休戦を目論んだのである。連合国側にもこのような動きに対応する姿勢がなかったわけではない。たとえば、四五年三月にはスイスのベルンにおいて英米主体のドイツとの降伏交渉の試みがみられた。しかし、連合国の基本姿勢はあくまでも無条件降伏の追求であった。四月二五日にソ連軍と英米軍がベルリン南方のエルベ河畔で出会い、その翌日にはソ連軍がベルリンに突入するといった連合国軍の決定的な戦勝状況を背景に、四月三〇日ヒトラーが自殺、後継者に指名されたデーニッツによってドイツは無条件降伏することになったのである。ドイツの降伏文書調印は、まず五月七日に北フランスに置かれていた連合軍司令部で行われたが、スターリンがベルリンでの調印を求めたため、五月八日から九日の夜ベルリンで改めて降伏手続きが行われた。この五月八日が、その後「ＶＥデー」（ヨーロッパ戦争での戦勝記念日）として、戦勝国側で祝われることになった。ドイツ敗戦をめぐってみられたこのような英米側とソ連の競合関係（これは、後から振り返ってみれば冷戦の前段階として位置づけられる）は、日本の降伏への過程でもはっきりとあらわれた。

日本でも、圧倒的な軍事的劣勢のもとで四五年になると戦争終結に向けての工作が目立ちはじめた。四五年二月に「敗戦は遺憾ながら最早必至」と断言しつつ、戦争の続行による日本の「共産革命」を防ぐために英米との協調による終戦の方向を提言した近衛文麿の上奏文は、よく知られている。しかし、ドイツと同じく日本は戦争継続の姿勢を崩さず、米軍によるたび重なる日本本土空襲、米軍の硫黄島占領（二万人以上の日本兵が戦死）、三月から六月までつづいた沖縄戦（日本軍の戦死者は約九万四〇〇〇人、マラリアでの死者や餓死者も加えた一般住民の死者は約一五万人、強制的に連れてこられていた朝鮮人労働者や従軍慰安婦の死者も数千人から一万人と推定）などでの過酷な被害にもかかわらず、ドイツ降伏後も八月まで戦いをつづけた。

四五年七月に開かれたポツダム会談で出されたポツダム宣言（会談は米英ソの首脳会談であったが、ソ連は日本とまだ戦争を行っていないために署名せず、会談には参加していなかった中国が加わった三国の宣言）の受諾をも拒否した日本が降伏したのは、八月六日（広島）と九日（長崎）の米軍による原爆投下と、八月九日のソ連対日参戦という二つの要因によってであった。

日本になぜ原爆が投下されたのかという問題をめぐっては、さまざまな議論がなされてきたし、これからも論争は繰り広げられていくであろう。大きく対立する二つの見解は、原爆投下を日本の最終的打倒に際して最も有効な軍事手段であったとみる見方と、ソ連の勢力拡張を防ぐための方策であったとみる見方とである。一方における軍事的要因、他方の政治的要因、この二つのいずれもが原爆投下にあたって働いたと考えるのがおそらく妥当であろう。これに加えて、それまで原爆開発を進めてきた機構とプロセスそれ自体がもった制度的拘束要因なども含めた複合的要因が、原爆投下につながったのである。

一方ソ連も、ポツダム会談で公約していた対日参戦予定日八月一五日を六日繰り上げて参戦した。日本の支配層のなかでは、ソ連の調停による戦争終結を進めようとする動きが出てきていたが、ソ連の対日参戦はこうした人々の思惑をうち砕くものであり、「国体」維持をめぐる連合国側とのやりとりの末、八月一四日天皇自身が召集した御前会議が戦争終結を最終的に決定、一五日正午の天皇による放送によって日本の人々は戦争の終わりを知ることとなった。

ヨーロッパでの戦争終結に三ヵ月以上遅れてのアジア太平洋での戦争の終結であった。

大戦による犠牲

ヨーロッパとアジア太平洋で直接戦場となった地域を中心に、世界中を巻き込んだこの戦争の結果、人類がこうむった被害も世界のあらゆる地域にわたり、その規模は人類史上未曾有のものとなった。ただし、各地域でどれだけの人々がこの戦争の結果死んでいったかについての確実なデータはない。最も多くの人々が犠牲となったソ連の場合、戦争直後にスターリンが述べていた犠牲者数は約七〇〇万人であった。これは、犠牲者数の多さがスターリンの戦争指導への批判につながることを危惧する気持ちのもとで出された極端に少ない犠牲者数であったと考えられる。その後、ソ連の死者数は二〇〇〇万人以上と長くいわれてきたが、一九八〇年代のペレストロイカの時期になってから、二六〇〇万人から二七〇〇万人という数字が登場してきた。この数字が正しいとすれば、当時のソ連人の七人から八人に一人が戦争の犠牲になったということを意味する。またやはりきわめて多くの犠牲を生んだ中国に関していえば、一九八九年にイギリスで出版された『第二次世界大戦史事典』では軍人死者一三二万人、軍人負傷者一七六万人、一般市民犠牲者のデータなしとされているのに対し（Brian Perret／Ian Hogg, *Encyclopedia of the Second World War*）、九一年に中国政府が発表した数字によると、三七年から四五年の間に軍民あわせて二一〇〇万人が殺傷され、そのうち一〇〇〇万人が殺害されたことになっている（姫田光義「日本人と『対華侵略戦争』史観」中央大学人文科学研究所編『日中戦争　日本・中国・アメリカ』）。いま名前をあげた『第二次世界大戦史事典』

は、世界全体での軍人戦死者を一五〇〇万人、軍人負傷者二五〇〇万人、一般市民の死者数三八〇〇万人と推計しているが、これはあくまでも控えめな推定であり、このあたりを低い推計として、戦争による犠牲者はまさに膨大な数に上ったことを改めて銘記しておくべきであろう。

またこの数字に示されているように、一般市民の犠牲が軍人よりも大きかったことは、後に扱うように総力戦として戦われた第二次世界大戦の性格をよく物語っている。一般市民の犠牲者は、ナチス・ドイツによるホロコーストで殺された六〇〇万人にのぼるユダヤ人を含んでいるが、さらに、広島・長崎の原爆犠牲者をはじめ都市の無差別爆撃による空襲犠牲者の数も多い。第一次世界大戦に比べた場合、第二次大戦では兵士の死者が倍増したのに対し、一般市民の犠牲者数は五倍にも上ったという計算もなされている（油井大三郎「世界史のなかの戦争と平和」『岩波講座世界歴史　二五　戦争と平和』）。前線（front）と銃後（home front）との区別が稀薄になった戦争の姿がこの数字に示されている。

さらに、世界大戦としての広がりのなかで、直接の攻撃にさらされたわけでもない地域で一般市民が数多く犠牲になるという事態も生じた。インド映画の巨匠サタジット・レイ監督の作品『遠い雷鳴』に描かれたのは、まさにそうした地域である。それに登場するインドのベンガル地方の村人たちは、たまに飛来する飛行機を見て、どこか遠くで戦争が起こっていることを感じていたが、それは自分たちには関係のない戦争であると思っていた。ところが、日本軍によるビルマ占領に直面したイギリス当局が、日本側のベンガル侵攻を防ぐためにとった一種の焦土作戦の結果、この地方では餓死者三五〇万人を数える大飢饉が発生することになったのである。映画『遠い雷鳴』自体は、惨禍の拡大を示唆するシーンで終わりとなるが、どこか遠くで戦われていると思った戦争に巻き込まれて飢え死にしていくベンガルの農民の様相は、第二次世界大戦の性格をよく示している。次章では、これまで概観してきた戦争の経過を前提としつつ、大戦の性格にさらに踏み込んで論じてみることにしよう。

世界大戦の構造と性格

反ファシズム戦争

大戦の複合的性格

「インドはナチズムやファシズムが広まる可能性に我慢できないが、イギリス帝国主義の方にもっとうんざりしている」（Keith Jeffrey, "The Second World War", in : Judith M. Brown／William Roger Louis, eds., *The Oxford History of the British Empire*, Vol.4）。一九四〇年三月にインド国民会議派の当時の議長アーザードが述べたこの言葉は、第二次世界大戦がもった複雑な性格を集約的に表現していた。

第一次世界大戦の方は、帝国主義国の間の帝国主義戦争としてその性格を概括することができる。帝国主義の時代における競合関係のなかでしだいに深まってきた帝国主義列強間の矛盾が噴出した結果が第一次世界大戦となったのである。パリ講和会議で結ばれたヴェルサイユ条約は、戦争責任をドイツに押しつけたが、実際には第一次世界大戦を戦った陣営のいずれか一方に戦争開始の責任を帰してしまうことは難しい。それだけに、いわゆる戦争責任論争がその後激しくまきおこった。

それに対し第二次世界大戦では、本書でも述べてきたように、戦争責任の所在は明確であった。枢軸国、すなわちファシズム諸国と呼びうる国々、日本、イタリア、ドイツの側の能動的な侵略性によってこの戦争は引き起こされたのである。このような見方を批判し、ファシズム諸国の戦争責任を相対化しようとする試みも、さまざまな形でなされてきたが、戦争責任についての基本的な見方の「修正」は不可能であるといってよい。第二次世界大戦は、ファシズム諸国の侵略拡大が招いた戦争であり、その侵略に抗する側が、連合国としてもう一方の陣営を形づくったのである。したがって、ファシズム諸国（枢軸国）と反ファシズム諸国（連合国）との間の戦争＝反ファシズム戦争という性格が、この大戦の最も基本的な性格となる。

しかし、第二次世界大戦の性格は、これで尽きてしまうわけではない。この戦争については、複合的な性格をとらえていくことが必要であり、その複合性は、しばしば、三つの性格にまとめられてきた。まず第一は上述した最も基本的な性格としての反ファシズム戦争である。第二は、第一次世界大戦との類似性をもつ帝国主義国家間の戦争＝帝国主義戦争としての性格である。そして第三は、この二つの性格といわば裏腹の関係となる、ファシズムや帝国主義からの民族解放のための戦争＝民族解放戦争としての性格である。

第二次世界大戦の複合的性格をこのような三つに整理してみることは、依然として有効であると、筆者は考えている。この三性格論をより複雑な形に修正する試みもなされているものの、その必要性は疑問である。たとえば、一九八〇年代中葉以降アジア太平洋戦争という呼称を広めるうえで大きな貢献をしてきた木坂順一郎は、アジア太平洋戦争の性格を次の五つにまとめている。これはあくまでも第二次世界大戦のアジアでの局面についての性格づけであるが、大戦全体にも適用可能な議論である。木坂によると、戦争は次の五つの性格をもっていた。①ファシズム諸国（枢軸国）による民主主義・自由主義・社会主義絶滅のためのファシズム戦争と、米英ソ中四国を中心に他の民主主義国と枢軸国の侵略をうけた被侵略諸民族が団結して戦った反ファシズム・民主主義擁護の戦争、②日本と米英仏蘭の間の帝国主義戦争、③日本帝国主義による植民地獲得戦争と、朝鮮・台湾・中国東北・中国本部および東南アジアの日本軍占領地の諸民族による抗日民族解放戦争、④アジアの対日協力者が連合国と戦った「民族主義戦争」、⑤戦争最終段階に起こった日本の反社会主義戦争とソ連の反日・反ファシズム戦争（木坂順一郎「アジア・太平洋戦争の呼称と性格」『龍谷法学』二五―四）。

木坂は、このうち第一の性格（ファシズム戦争―反ファシズム戦争）が、アジア太平洋戦争の全体の性格を決定づけるものであって、第二から第五の性格はこの第一の性格の規定を受け、第一の性格の一環をなすものである、と述べている。この議論は三つの性格論よりも緻密なようにみえるが、第四の性格については、このような側面をアジア太平洋戦争について強調する研究（たとえば、信夫清三郎『「太平洋戦争」と「もう一つの太平洋戦争」』）が存在することを木坂が強く意識していることから、第三の性格から区別したいとする気持ちはわかるにしても、その必要性は認めがたい。この二つを区別することで、本書でも後に述べるような植民地の人々の戦争への関わり方の複雑性が、かえって見にくくなるという感もある。また第五点も、戦争の性格としてあげるにはあまりに短期を対象としているると考えられるし、第一の性格にまとめうるものである。こうしてみれば、木坂のこの議論も、結局は三つの性格論に収斂《しゅうれん》するとみてよいであろう。

ただし、この三つの性格については、それぞれさらに突っ込んだ議論が求められる。第二次世界大戦の最も基本的な性格としての反ファシズム戦争論についても、すぐ後に紹介するように、最近、総力戦論という視角からの異論が出てきている。また第二の帝国主義戦争論との関連では、かつて、ヨーロッパでの戦争について、当初帝国主義戦争という性格をもっていた戦争が、一九四一年の独ソ戦の開始によって反ファシズム戦争に転化した、という議論があったことを想起したい。ソ連の位置をもっぱら基軸にして戦争の性格づけをしようとするこのような議論が説得力を失ってすでに久しいが、重要なのは、こうした議論で帝国主義という範疇から除外されていたソ連をも含めた、帝国の拡大・維持を争う戦争として第二次世界大戦の性格を見直してみることである。また、第三の民族解放戦争論については、先に触れた木坂のいう「民族主義戦争」的側面により注目すべきであろう。

以下、本章のこの節では、第二次世界大戦の基本的性格である反ファシズム戦争という面に関わって、大戦の諸側面を検討し、次の節では、第二、第三の性格を軸とした検討を行ってみたい。

反ファシズム戦争か総力戦か

第二次世界大戦を反ファシズム戦争と呼ぶべき理由は、大戦開始にいたる経緯と大戦そのものの展開を追った本書のこれまでの叙述から明らかであろう。筆者の考えをまとめておけば、次のようになる。ファシズムをいかなるものと定義するかについてはさまざまな議論があるが、それに広い定義を与えて、ロシア革命や世界恐慌の危機に直面した資本主義社会にあらわれた政治的反動で、内にあっては暴力的なやり方で民主主義や個人の自由・人権を否定し、外に対しては支配圏の暴力的拡大による世界の再分割を図ろうとした運動や体制、とファシズムを考えれば、枢軸国として世界大戦の一方の陣営を形成した日本、ドイツ、イタリアは、ファシズム国として一括できる。それに対して、連合国として手を結ぶことになった国々は、ファシズム諸国による世界再分割の動きに抵抗し、反ファシズム戦争を戦うことになったのである。

こうした性格づけの意味を改めて考えるための手がかりとして、最近一部の研究者によって提起されかなりの影響力をもってきた、総力戦論に触れておこう。この議論を最も鮮明な形で提示したのは、山之内靖ほか編『総力戦と現代化』である。このなかで山之内は、第二次世界大戦についての従来の支配的見解を、非合理的で専制的なファシズム型の体制（ドイツ、イタリア、日本が含まれる）と、合理的で民主的なニューディール型の体制（アメリカ、イギリス、フランスが含まれる）の対決として描き出す方法に求め、こうした見解には今日でもそれなりの妥当性があることを認めつつも、それでは不十分であるとして、総力戦体制による社会的編成替えという視角から、大戦や大戦後の世界をとらえるべきだと論じたのである。ニューディール型の体制は、あらわな全体主義体制（ファシズム型の体制）に対しては民主的であったといえるが、そのもとでも社会のすべての分野が巨大化した組織に編成されたのであり、そこにもある種の全体主義と呼んでよい兆候があらわれていた。こうして総力戦体制による社会の編成替えという視点をとった場合には、ファシズム型とニューディール型という違いは、総力戦体制の下位区分として規定し直されることになる。

現代社会の全体主義的性格をえぐり出そうとするこの指摘は鋭いし、ニューディール型と呼ばれる反ファシズム諸国における戦時動員の延長線上につくりあげられた戦後の福祉国家（welfare-state）が戦争国家（warfare-state）とつながっていたことを見落とすべきではないとの議論も、首肯できる内容をもっている。本書の終章「戦争体制から戦後秩序へ」が示すように、筆者も、第二次世界大戦の総力戦としての性格がその後の現代世界の姿をかなり規定したという点が、大戦について論じるうえできわめて重要であることを認めるにやぶさかでない。しかし、総力戦体制をまず措定して、ファシズムと反ファシズムの間の差異をそれの下位区分としてしてしまうことには、賛成できない。

こうした議論に対しては、仮にファシズム諸国が勝利をおさめていたとしたら、その後の世界がどのような姿をとったであろうか、という問いを投げかけてみることができよう。総力戦論が説得的であるためには、この問いに対して、反ファシズム側（ニューディール型の側）が勝利をおさめようと、ファシズム側が勝利をおさめようと、現代世界のとった姿に大きな違いは生じなかったという答えが与えられる必要があるが、第二次世界大戦史の現実は、そのような答えにはつながらない。その点を確認するために、第二次世界大戦期のファシズム諸国と反ファシズム諸国の行動を追ってみよう。

ホロコースト

本書では「世界大戦への道」の章において、エチオピアでのイタリアの残虐行為や日中戦争下の南京大虐殺について触れた。これらは、ファシズム諸国の性格を示す行為であった。ファシズム諸国は、世界の再分割をねらって自らの勢力を確立していく過程で、劣等視する人間集団の人間性を無視し、さらには大量に殺戮していくことをもいとわなかったのである。その最も端的な表現が、ナチス・ドイツによるユダヤ人の大量殺戮《さつりく》＝ホロコーストであった。

ヒトラーは、『わが闘争』にはっきりとみられるように、激しい反ユダヤ主義を抱いていた。彼にとってのユダヤ人は、文化を創造するアーリア人（その代表がドイツ人）の対極に位置する文化破壊者であり、他の民族の体内に住みつく「寄生虫」であった。ナチスによる政権掌握後、ユダヤ人に対する差別と迫害は激しさを増していき、とりわけミュンヘン会談の少し後、一九三八年一一月に起こった「水晶の夜（クリスタル・ナハト）」と呼ばれるユダヤ人襲撃事件をへてその動きはいっそう急進化した。こうしたユダヤ人への迫害が、すぐにホロコーストへと直結していったわけではなく、三九年から四一年前半にかけてのユダヤ人政策の基軸は彼らの追放・移住策（ポーランド占領後はポーランド中部につくられた総督府へのユダヤ人移住策がとられ、対仏戦勝利後は、仏領であったマダガスカルへの大量移住策が計画された）であったが、独ソ戦が行き詰まり、戦争が世界大戦へと展開していくなかで、ユダヤ人の全般的な殺害策がとられはじめた。ナチス・ドイツによって殺されたユダヤ人の数は六〇〇万人にのぼるといわれることが多い。この数字は、戦後ドイツの戦争犯罪を裁いたニュルンベルク裁判の判決で示された数である。『ホロコースト・百科事典』（*Enzyklopädie des Holocaust*）は、ユダヤ人人口約九八〇万人のうち、最大推計で約五八六万人が、最小推計で約五六〇万人が殺害されたとしている。大著『ヨーロッパ・ユダヤ人の絶滅』のなかでユダヤ人の死亡者統計を提示しているヒルバーグは、もっと少ない五一〇万人という数を提示しているが、この数字をとったとしても驚くべき多さである。それまでのヨーロッパの歴史でユダヤ人迫害がしばしば見られてきたとしても、ヒルバーグが述べるようにこの時期のユダヤ人殺害は「歴史上前例のないものであり、規模と形態の点でそれまでに比較可能なものはなかった」のである。

ユダヤ人はさまざまな所で命を失っていったが、最も多くが殺された場所が、まさに彼らを絶滅するために作られた強制収容所であった。アウシュヴィッツなど絶滅収容所といえる強制収容所で殺されたユダヤ人の数をヒルバーグは二七〇万人以下と推定している。ジェノサイド（genocide）という言葉が用いられるようになったのは、このようなナチス・ドイツの行為がひろがっていた一九四四年のことであった。

ドイツの歴史家イェッケルが、「ユダヤ人に対するナチスによる殺戮が唯一独自のものなのは、史上いまだかつて一つの国家がその責任ある指導者の権威をもって、ある一定のグループの人間を、老人、女性、子供、赤子をふくめて、可能なかぎり余すところなく殺害することを決定しかつ告知したことなどなかったからである」と述べているように（エーバーハルト・イェッケル「想定家たちの不毛なやり口」J・ハーバーマスほか『過ぎ去ろうとしない過去　ナチズムとドイツ歴史家論争』）、ファシズム国家ドイツは、人類が経験したことのない蛮行を行ったのである。ホロコーストに関しては、ヒトラーの反ユダヤ主義を基礎にして、彼の意思を何よりも重視する形でその展開を説明しようとする「意図主義」と呼ばれる研究潮流と、ホロコーストにつながる状況の累積を重視する「機能主義」と呼ばれる研究潮流との間で、論争が行われてきた。その「意図主義」の代表的研究者であるイェッケルのこのコメントで、「決定」と述べられている点には、「機能主義」の立場からは留保がつけられるところであろうが、ユダヤ人絶滅策の歴史的特異性という点では、研究者の間で見解の大きな一致がみられる。

しかし、ホロコーストの重要性を薄めようとする試みも、またさまざまな形で存在する。今引用したイェッケルの発言は、「心のなかの戦争」の章でも簡単に触れた一九八〇年代のドイツにおける「歴史家論争」のなかでなされたものであるが、この論争では、そうした試み（たとえば、ノルテは、ナチス・ドイツによるユダヤ人虐殺はソ連における「収容所列島」の模倣であって決してユニークなものではない、と論じた）に対して、多くの歴史家が、ホロコーストのユニークさを改めて強調したのである。もちろん、ホロコーストのユニークさを指摘することは、人類がこれまでの歴史の中で経験してきた他の惨劇の意味を軽視することにはつながらない。世界史のなかでのホロコーストの意味を探る場合によく引き合いに出される例は、アメリカ先住民の虐殺や、大西洋奴隷貿易に伴うアフリカ人奴隷の犠牲、第一次世界大戦期におけるトルコによるアルメニア人の虐殺など、いずれをとってみても、人間というものが振るいうる残虐さと、その残虐さの発露を可能にした社会の問題性とを私たちに突きつけてくる。ナチス・ドイツによるユダヤ人ホロコーストのユニークさは、そのような人類の他の経験と断絶したところに求められるのではなく、そうした他の体験の上にたつ現象としての意味に求めることができる。近代世界の生み出したファシズムは、人類が示しうる醜悪さのひとつの極限を示したのである。

「生存に不適」な人々の抹殺

ユダヤ人のホロコーストを行ったナチス・ドイツのことを、イギリスの歴史家バーレーは、人種国家（racial state）と呼んだ。バーレーによれば、ナチス・ドイツにおいて階級に代わって社会の主要な構成原理となったのが人種であり、「健康」な「アーリア人」と、人種的に劣等で「生存に不適」な人々との間が区分されて、後者は、社会からの排除、さらには絶滅が運命づけられたのである（Michael Burleigh／Wolfgang Wippermann, *The Racial State. Germany 1933–1945*）。バーレーは、ナチズムをめぐってやはり近年活発な議論の対象となっている近代化論（これは、ナチス体制のもとでドイツ社会の近代化が進行したことを強調してナチス・ドイツの歴史的性格をとらえようとする見方で、本書で先に触れた総力戦論に通底する主張である）を意識しながら、「近代的」であるとみられるナチス・ドイツの社会政策とこのような人種政策とは表裏一体の関係にあった、と論じた。また、ドイツの在野歴史家アリーは、ナチス・ドイツがつくりあげようとしていたシステムのもとでは、すべての人間が生物学的に同等ではないとされ、価値の高いものから価値の低いものまで段階的に人間が分類され、価値が低いと目された人々の数を抑えることが追求されたとして、そのようなシステムのなかにホロコーストを位置づけていくべきであると、主張している（ゲッツ・アリー『最終解決　民族移動とヨーロッパのユダヤ人殺害』）。

実際、ナチス・ドイツのもとで社会からの排除の対象となり、さらには肉体的な抹殺の対象となったのは、ユダヤ人に限られなかった。「支配的民族」であるとみなされたアーリア人のなかでも、精神薄弱者や精神分裂症患者、遺伝性てんかん患者、重度の身体的奇形をもつ人々、重度のアルコール中毒患者などは、価値の低い「反社会的分子」とみなされ、そのため、彼らの子どもが生まれないようにする「断種法」が、ヒトラーによる政権掌握のすぐ後の一九三三年七月に制定された。こういった人々に対する迫害は、三九年九月にヨーロッパでの戦争が勃発するとさらに高進し、まず精神障害をもつ児童の殺害が実施されはじめ、ついで「反社会的分子」とされる大人を「安楽死」させる行為が開始された。この「安楽死」の犠牲になった人々の数は一〇万人にのぼるといわれている（木畑和子「第二次世界大戦下のドイツにおける『安楽死』問題」井上茂子ほか『1939　ドイツ第三帝国と第二次世界大戦』）。「安楽死」の実行に際しては、有毒ガスによる殺害（ガス室はシャワー室とみせかけられた）という方法がとられ、死体は死体焼却炉で処理されたが、こうしたやり方は、アウシュヴィッツなどの絶滅収容所におけるユダヤ人殺戮にうけつがれていった。

またナチス・ドイツの東方拡大の過程で、東ヨーロッパやロシアの多くの人々も、「価値の低い」人間として排除の対象となった。まずドイツに占領されたポーランドでは、三九年一〇月末までの二ヵ月間で一万六〇〇〇人を超えるポーランド人が処刑されたし、三九年から四〇年にかけての冬を皮切りに、「ドイツ化」が不可能であるとみなされた人々が、さまざまな地域から移住してくる「民族ドイツ人」に土地を明け渡すために追い立てられていった。戦争中にこうして追い立てられた人々の数は二五〇万人近くにのぼり、その過程で多くの犠牲者が出た。また、ポーランド人の民族意識を抹殺するために知識人の絶滅策がとられ、たとえば医師の四五％、裁判官・弁護士の五七％が殺されていった（伊東孝之『ポーランド現代史』）。ドイツと戦うことになったソ連の場合、独ソ戦の初期だけをとってみた場合でも、一九四二年一月までに捕虜となった三三五万人のうち二〇〇万人近くが飢餓や伝染病などの病気のために死亡している。そして戦争中全体では、ソ連軍捕虜五七〇万人のうち約三三〇万人が死亡したと推定されている（永岑三千輝『ドイツ第三帝国のソ連占領政策と民衆』）。

ナチス・ドイツによるソ連軍捕虜に対するこのような処遇がもった意味は、たとえば同じドイツによるイギリス軍戦争捕虜の取り扱いと比べてみることによってよくわかってくる。ドイツ軍の手のもとでのソ連軍捕虜の死亡率は約五八％であったのに対し、イギリス軍捕虜の死亡率は約五％であった（S. P. MacKenzie, "The Shackling Crisis : A Case Study in the Dynamics of Prisoners-of-War Diplomacy in the Second World War", *The International History Review*, 17-1）。後に述べるように、戦争捕虜の扱い方という点においてはソ連も苛酷な姿勢を示していたが、ここでは、ドイツによる捕虜処遇の仕方のなかに、「人種国家」としてのナチス・ドイツの性格が如実にあらわれたという点を強調しておきたい。

ナチス・ドイツによって、ひどい迫害を受けた存在としてさらに指摘しておかなければならない人々が、いわゆるジプシー（この呼称は蔑称であるとして現在避けられることもあるが、ここでは便宜上用いることにする）である。それまでも放浪の民として差別や迫害の

図16　強制収容所で働かされるジプシー
(Guenter Lewy, *The Nazi Persecution of the Gypsies*〔Oxford, 2000〕より)

対象となってきていたジプシーは、ナチスが政権を握った当時で、ドイツには少数しか存在せず、ヒトラーもはじめは彼らに対してほとんど関心を示していなかった。しかし、ナチス・ドイツが否定する存在としての「反社会的分子」というカテゴリーに容易に適合するジプシーは、すぐに排除の対象となり、一九三五年にジプシー収容所が設けられるなど、彼らへの圧迫は強まっていった。さらにヨーロッパでの戦争が始まって以降は、ジプシー殺戮《さつりく》の方向へと政策は急進化していき、四二年一二月からはアウシュヴィッツへの彼らの移送も開始されたのである。そして、苛酷な労働や病気のほか、ガス殺などによって、その多くが死んでいった。

こうして殺されたヨーロッパのジプシーの犠牲者数を推定することは、ユダヤ人以上に困難である。五〇万人といった大きな数が示されることもあれば、二二万人ともいわれ、また九万人という低い推定値が出されることもある。ドイツ内のジプシーについてみれば、四万人足らずいた彼らのうち約二万五〇〇〇人（三分の二近く）が殺されたと推定されている。

ユダヤ人同様、ジプシーはナチス・ドイツの残虐さの犠牲になっていったわけであるが、彼らの処遇とユダヤ人の処遇の間に違いがあったことにも、また注意しておく必要があろう。アウシュヴィッツでも、当初ジプシーは「家族収容所」に入れられ、ユダヤ人のようにアウシュヴィッツ到着後すぐに家族が引き離されてガス室送りになるといった事態は起こらなかったのである。この「家族収容所」は後になると破壊されたが、こうした扱いの違いはナチス・ドイツの「人種国家」における序列の反映であった（Guenter Lewy, *The Nazi Persecution of the Gypsies*）。

同じファシスト陣営に属しながら、イタリアの場合はドイツの反ユダヤ主義になかなか同調しなかった点が強調されることが多い。しかし、すでに本書でも触れたように、ヨーロッパでの戦争の前哨戦となったエチオピア戦争とその後のエチオピア占領の過程でイタリアが行った残虐行為が、大量の犠牲者を生み出した点にこそ、ドイツによるユダヤ人ホロコーストとの類縁性をみておくべきであろう。

「焼き尽くし、殺し尽くし、奪い尽くす」

日本の場合、ナチス・ドイツのホロコーストに比べるべき出来事は、南京大虐殺よりも、日本軍が中国で展開した「三光《さんこう》作戦」と呼ばれる作戦の方である、という主張が、江口圭一や笠原十九司によってなされている。「三光作戦」とは、中国共産党と八路《はちろ》軍（共産党の軍隊）が統治していた抗日根拠地や抗日ゲリラ地区を破壊するために日本軍が行った作戦で、中国側が、この作戦の内容を「焼光、殺光、搶光《そうこう》」（焼き尽くし、殺し尽くし、奪い尽くす）と称したことからこう呼ばれている。笠原は、南京大虐殺の場合は、日本軍の作戦準備になかった南京攻略戦の強行とか、上海戦からのなだれこみの作戦による兵士の疲弊、現地軍司令部の独断専行など、偶発的な要因の重なりが背景にあったが、「三光作戦」のなかで行われた虐殺・残虐事件の方は、「日本軍の正式な作戦と計画にもとづき、大規模に解放区・ゲリラ地区の軍民の燼滅《じんめつ》（皆殺し）を図った掃蕩《そうとう》作戦の結果生じたものであり、軍事思想・作戦・実態・犠牲者数において日中戦争の侵略性を象徴する深刻なもの」であったと論じている（笠原十九司『南京事件と三光作戦』）。

この「三光作戦」では、毒ガスが使用され（エチオピア戦争でイタリア軍が毒ガスを用いたことを想起されたい）、多くの人々の強制連行（「従軍慰安婦」としての女性の連行も含む）が実施されるなど、中国の人々は過酷な状況に遭遇した。その結果どれほどの人々が殺されたかについての信頼に値する数字はないが、被害地域の現地調査を行うなど研究を重ねてきた姫田光義は、華北全体での被害は将兵の戦死者を除いて「とりあえず」「二四七万人以上」であったと推定している（姫田光義『三光作戦とは何だったか』）。

また、ドイツの強制収容所における医学の人体実験（たとえば、女性の不妊化の実験や、発疹チフス、マラリアなどの実験）に対応する日本軍の行為として、七三一部隊（関東軍防疫給水部）による中国人を対象とした細菌兵器の実験をあげることができる。中国のハルビン郊外におかれたこの七三一部隊については、戦後も長い間その詳細が知られていなかったが、そこでは人間の命の尊厳を完全に無視した生体実験が試みられたのである。

中国以外でも、「ジェノサイド」的性格をもった日本軍の行動が見られた例として、四二年二月のシンガポール占領後における、「検証」という名のもとでの中国系住民の虐殺（「検証大虐殺」）を想起したい。中国系住民は「検証」のために集合させられ、日本軍側によって「抗日分子」とみなされた多くの人々が機関銃の掃射をあびるなどして、殺されていったのである。この場合も犠牲者の数は確定しがたいが、四万人から五万人にのぼると推定されている（許雲樵・蔡史君編『日本軍占領下のシンガポール』）。

こうした残虐行為が、日本人の民族・人種差別意識のなかで侮蔑の対象となっていた人々を相手としてなされる一方、日本はそれまで自分たちがむしろ劣等感をもって対してきていた相手（日本軍に捕らえられた連合国軍の白人捕虜）をも、苛酷な処遇の対象とした。アジア太平洋戦争の過程で日本軍の捕虜となった連合国軍将兵の数は約三五万人にのぼったが、極東軍事裁判に示されたところでは、オーストラリア人捕虜の約三四％、アメリカ人捕虜の約三三％、イギリス人捕虜の約二五％が死亡したのである。先に記したドイツ軍のもとでのソ連軍捕虜の死亡率には及ばないものの、驚くべき高率であることは確かである。ソ連人捕虜に対するドイツ軍の態度と同様、日本軍は捕虜の取り扱いに関する国際的取決めを無視する形で、捕虜を虐待し、多くを死に至らしめた。その際日本側に、連合国の白人捕虜をひどく扱うことによって、それまでの国際秩序における民族的・人種的序列ともいうべきものが覆ったことの証左としようとする意図が存在していたことに注意しておきたい。朝鮮軍の参謀長が、朝鮮人の「英米崇敬観念を一掃して必勝の信念を確立せしむる」ために英米人捕虜を使いたいと考えていたことなどに、そうした要因を看取できる（油井大三郎・小菅信子『連合国捕虜虐待と戦後責任』）。

このようにして、「ジェノサイド」状況を生む極端な暴力的行為を伴いつつ、世界再分割のための戦争を遂行した陣営が、ファシズム陣営であった。第二次世界大戦の基本的性格を考えるうえで、このようなファシズム諸国の行為を念頭に置いておくことが必要である。

ここでひとつ指摘しておかなければならないことは、このようなファシズムの残虐行為に関わった人々が、特別な人間とか選ばれた人間だったわけではなく、ごく普通の人間であったという点である。ナチス・ドイツの強制収容所での処刑・殺害に直接関わった人間の数だけで、三〇万～四〇万人にのぼるという。収容所の外などで間接的に関わった人をも考えると、膨大な数の人間が関係していたことがわかる。また暴虐行為を行った日本兵のほとんどもやはり一般の民衆であった。ファシズムの残虐さは、ファシズム諸国の体制が「草の根」の人々の間にひそむ暴力性を引き出すことによって、徹底したものとなっていった（吉見義明『草の根のファシズム』）。

反ファシズム陣営の実像

このようなファシズム諸国による侵略行動に対して、反ファシズム陣営の連合国側は、ファシズムが圧殺しようとしていた民主主義や自由の擁護を掲げて戦った。しかし、反ファシズム陣営に結集した国々が、内政・外交における民主主義を十分に実践していたとは決していえなかった。それゆえにこそ、帝国主義国間の戦争としての第二次世界大戦の性格が浮上してくるのであるが、戦争のその側面については本章の次節で扱うことにして、ここでは、ファシズム諸国の特徴としてあげた戦時下の残虐性が、ファシズム陣営以外の国でみられなかったのか否かという点に議論を絞り、いくつかの問題を検討してみよう。

まず、ナチス・ドイツの性格をもっとも明らかに示したユダヤ人ホロコーストをめぐる問題があげられる。

フランスのヴィシー政権の例をあげておこう。ヴィシー政権は、積極的にユダヤ人の迫害を行った。ヴィシー政府の協力のもとで、フランスから強制収容所に送られたユダヤ人の数は七万六〇〇〇人にのぼったが、帰還した人々の数は約二〇〇〇人にすぎなかったのである。フランスのこの暗い記録は、戦後長い間いわば封印がされた状態であったが、

「心のなかの戦争」の章でも触れたように、一九八〇年代になってようやく（しかも、外国人研究者による研究が引き金となる形で）、フランス国内でも問題にされはじめた。

また、中立国としてファシズム陣営とは距離を置いていたはずのスイスについても、最近、戦争中にユダヤ人の虐待が行われていたという報告が出されている。スイスでユダヤ人の資産が奪われていたことは、九〇年代の後半になって明確になったが、それに加えて、ユダヤ人を対象とする労働収容所が存在したことも明らかになったのである。そこに入れられたユダヤ人は、殺されることこそなかったものの、労働を強制され、反逆的姿勢をみせた者はナチス・ドイツに送るという脅しを受けたという（*Newsweek* 日本版、一九九八年一月一八日）。同じく中立国であったスウェーデンでも、ナチス・ドイツの歓心をかって経済的利益を得るためにユダヤ人スタッフを進んで解雇した企業がいくつも存在したことが、最近知られるようになった。スイスに関しては、ナチス・ドイツの迫害を逃れてスイスに入ろうとした多くのユダヤ人（分かっている数で二万五〇〇〇人近く）の入国を拒んだとの調査も、一九九九年に公表された（*The Guardian Weekly*, 1999.12.16-22）。

反ファシズム陣営の中核に位置していた英米両国がユダヤ人救出をめぐってとった態度にも大きな問題があった。たとえば、一九四三年四月にバーミューダで開かれた難民をめぐる英米会談において、両国は大規模なユダヤ人救出に消極的な姿勢をとることで足並みをそろえたが、その会談では、ユダヤ人の大規模な流出に対する強い恐れが広がっていた（Louise London, *Whitehall and the Jews 1933–1948*）。その後、ユダヤ人救出へのアメリカの態度は多少積極的になっていくが、ユダヤ人が自国の統治下のパレスティナに入ってくることへの懸念（それはアラブ人の反発を招き、イギリスの支配力を揺るがす可能性があった）などを抱くイギリスの消極性は変わらなかった。英米が今少しユダヤ人救出に積極的な態度をとったとした場合、それがホロコーストでの犠牲を少なくしえたかどうかは、微妙な点であり、研究者のなかには、英米が何をしようとホロコーストにはほとんど影響がなかったであろうと主張する者もいる。しかし、たとえマージナルな効果しかなかったとしても、より大きな努力を反ファシズム諸国側が払いえたはずであるという議論には説得力がある。ヨーロッパでの戦争開始までの一年間に、「キンダートランスポート」と呼ばれた計画のもとでイギリスはかなりの数のユダヤ人の子どもたちを引き取ったが（木畑和子『キンダートランスポート』）、そのような行動は持続しなかったのである。

反ファシズム陣営の諸国による、戦時下の直接的な残虐性についても、語ることができる。まずあげるべきは、ソ連軍によるポーランド将兵の大量殺戮であろう。一九四〇年、ソ連領内の「カティンの森」で、ソ連軍は捕虜にしていたポーランド将兵を殺害した。しかし、四三年にこの地域を占領していたドイツ軍が死体（約四三〇〇体）発見を報じ、殺害をソ連軍によるものと発表すると、ソ連側はその事件はドイツ軍によるものと反論したのである。この主張は、戦後も一貫してつづけられ、ソ連が真相を認めたのは、一九八〇年代末のことであった。さらにソ連軍によるドイツ軍戦争捕虜の取り扱いも苛酷なものであり、約三〇〇万人の捕虜のうち、三分の一が死んだと推定されている。ソ連軍のあるリーフレットには、ドイツの将兵は人間ではなく獣であり、根絶やしにするのが当然な「狂犬」である、と記されていた（S. P. MacKenzie, "The Treatment of Prisoners of War in World War II", *Journal of Modern History*, 66-4）。ファシズム諸国の言説や行動に近いものがここには明らかに存在していたといえる。

さらに、英米両国については、敵国の都市を対象とする戦略爆撃に着目したい。非戦闘員が多く居住する都市の上空から爆撃機によって強い破壊力をもった爆弾を投下する大量・無差別爆撃で、敵国の生産力を破壊し士気をくじこうとする戦略爆撃という考え方は、第一次世界大戦で生まれ、三〇年代にはまずファシスト諸国の側によって、スペインのゲルニカ（三七年四月のドイツ軍による爆撃）や中国の重慶（三九年五月の日本軍による爆撃）

で実施にうつされたが、大戦の過程では英米によっても大規模に展開されることになったのである。戦略爆撃は、「銃後」の生活を送っているはずの一般市民を必然的にまきこむ戦闘行為であり、実際、ヨーロッパの戦争でのリューベック（四二年三月）、ケルン（四二年五月）、ハンブルク（四三年七・八月）、ドレスデン（四五年二月）といったドイツの諸都市や、アジア太平洋戦争での東京（四五年三月）をはじめとする日本の主要都市への爆撃は、市民の間で数多くの犠牲者を生んだ。とりわけ、戦争も終期にさしかかってきた段階で実施されたドレスデン空襲では、約五万人（一〇万人という説もあるなど確かな犠牲者数は不明である）が死亡し市は灰燼《かいじん》に帰したし、そのすぐ後の東京空襲でも約一〇万人の犠牲者が出た。戦略爆撃が人々の士気に与える影響は、その鼓吹者たちが主張したほどのものではなかったし、非戦闘員を殺傷することへの批判の声は連合国内でもあげられたが、英米はこの方式に最後まで固執した。広島・長崎への原爆投下は、こういった戦略爆撃の常態化という文脈のなかにも置いてみることができる（前田哲男『戦略爆撃の思想　ゲルニカ―重慶―広島への軌跡』）。

このような点からみれば、反ファシズム陣営の国々が、ファシズムによって蹂躙《じゅうりん》されていた人間の尊厳や民主主義を十分に守っていたとは、言い難いことがわかる。そして、戦後にこの戦争に関わる罪を問う裁判が開かれる過程で、連合国側の行動は不問に付せられたのである。ニュルンベルク裁判や東京裁判に批判的な人々がそれらを「勝者の裁き」として糾弾する所以《ゆえん》である。とはいえ、こうした点をもって、ファシズムと反ファシズム両陣営間の相違と、反ファシズム陣営が勝利したこととの歴史的意味を否定したり軽視したりすることはできない。反ファシスト諸国側の加害者としての姿にも歴史的批判の眼を注ぐことは、ファシスト諸国のより露わで徹底した蛮行への批判の必要性を改めて認識させるものではあっても、ファシズムの免罪には決してつながらないのである。

抵抗と協力

反ファシズム戦争としての第二次世界大戦の様相は、ファシズムによる支配をさまざまな形で掘り崩そうとした抵抗運動（レジスタンス）に、よく示されていた。レジスタンスは、侵略者を駆逐するという共通の大目的をもちながら、それが展開される地域（ファシスト諸国内部での抵抗とファシスト諸国に占領・支配された地域での抵抗、また占領された国での抵抗の場合は占領地そのもので展開される抵抗と国外で展開される抵抗）や、抵抗の方法（穏健な非協力運動から占領者に対する蜂起を頂点とする積極的な行動まで）、思想的基盤（保守派から共産主義者まで）、政治的目的（侵略者の駆逐にとどまるか、解放を社会的変革に結びつけるか）などを異にする、多様な人々を含んでいた。抵抗運動内部の諸勢力間の力関係や、抵抗運動と連合国との関係も、地域により、また時期によってきわめて複雑な様相を呈した（M. R. D. Foot, *Resistance. An Analysis of European Resistance to Nazism 1940–1945*）。

異なった思想・政治的傾向をもった抵抗勢力の間では、時としてきわめて激しい対立が生じることもあった。たとえばユーゴスラヴィアでは、共産主義者ティトーが率いたパルティザン勢力に対して、セルビア人民族主義者から成る抵抗組織チェトニクが攻撃をしかける状況が広がったし、フランスでも共産主義者が大きな役割を演じていた国内の抵抗運動と、保守的な将軍ド＝ゴールが率いた国外抵抗組織「自由フランス」との間では、常に軋轢が存在した。しかしそのような矛盾を抱えつつも、抵抗運動が執拗《しつよう》に展開されたことは、ファシズム勢力の支配によって奪われたものがいかに大きいかを人々が認識していた証左であった。抵抗運動の活動家として捕らえられた人々が、死を前にして書いた手紙を集めたJ・ピレッリ編『若き死者たちの叫び』という本がある。それに収められた手紙の一つで、デンマークの若者が獄中トイレット・ペーパーに書き、ひそかに母親に届けることに成功したものは、次のように書き出されている。「なつかしいお母さん、すばらしいお手紙、ありがとうございます。ぼくたち二人の血管にはどんなに同じ血が流れているか、そしてファシズムはいたるところで、それぞれの誠実な勤労者によって、たとえわれわれの最も大切なもの、生命——そしてその結果われわれのいとしいものの幸福——で贖《あがな》わなければならないにしても、損得をこえて闘わなければならない敵である、ということをお母さんも本当によく理解なさっていることがうかがえるお手紙でした」。これはほんの一例であるが、このようなファシズムへの抵抗の精神こそ、第二次世界大戦の基底にあったのである。

アジア太平洋戦争で日本の支配下・占領下に置かれた各地域でも、抵抗運動（抗日運動）が繰り広げられた。ここでも、運動を担う人々の政治的立場には多様性があり、また、この地域でそれまで支配者としての地位を占めていたヨーロッパの宗主国と彼らの関わりにも違いが存在した。たとえば、マラヤでは、中国系住民が抵抗運動の主体となったが、そのなかには中国の国民党に近い勢力と共産主義者を中心とする勢力といった流れの違いや、イギリスとの協力関係をめぐる姿勢の相違がみられたのである。しかし、日本をファシズム国家とみて、それに抵抗するという立場は共通していた。

ファシズム諸国によって支配された地域での第二次世界大戦に関わる歴史意識は、長い間、こうした抵抗運動の記憶によって規定されてきた。しかし、大戦が終わって半世紀以上を経過した最近になると、外敵＝ファシズム諸国による支配とそれに対する抵抗という二項対立的な歴史像の見直しが、いろいろな形で進んできている。

支配者に対する「協力」の様相が注目されるようになったのも、ごく近年のことであるといってよい。支配は侵略者による命令を基本的動因としながらも、支配された地域の人々による「協力」なくしてはなりたたなかった。しかも、その「協力」は力と脅迫のもとに無理強いされたという側面と同時に、かなりの程度自発性をも伴った。そのような事実を認識し、人々の歴史意識のなかに取り込んでいくことは、多大の努力を要し苦痛を伴うものであるだけに、支配された者としての意識や、ファシズムの暴圧からの解放という契機に結びつく抵抗運動の思い出の前に、「協力」の事実は長い間記憶のよどみのなかにうもれ、人々はそうした過去を直視することを避ける傾向があった。戦争直後には最も露骨な「協力」者への制裁が行われたが（たとえばフランスでドイツ占領軍に「協力」した女性が頭を剃られて街を引き回された）、それ以降この問題にはいわば蓋がかぶされてきていたのであり、それを直視しようとする動きが進みはじめたのは最近のことである。「レジスタンス神話」とでもいうべきものが支配的であったフランスで、先に触れたようにユダヤ人迫害に積極的に加担したヴィシー政権時代のフランス人自身の責任が厳しく問われていることなどは、その最も顕著な動きといえよう。

ただし、このような問題をめぐる歴史認識で難しい点は、支配に対する人々の姿勢を、抵抗、「協力」という形で明確に二分することが、必ずしも容易でないことである。もちろん、あからさまな「協力」や明白な抵抗は存在したものの、多くの人々はその中間のグレーゾーンを構成していた。ファシズム諸国による支配への反発を抱き、「協力」者を軽蔑しつつも、抵抗には踏み切れなかった人々の視点をも切り捨てることなく、反ファシズム戦争の民衆史を描くことが求められているのである。

人々の抵抗と「協力」の位相は、それまで欧米帝国主義国の支配下にあって、ファシズム諸国に占領・支配された地域で、最も複雑な形をとった。その点に注意しながら、次節では、第二次世界大戦の三つの基本的性格のうち、帝国主義戦争と民族解放戦争という残る二つを検討することにしよう。

帝国主義戦争と民族解放戦争

帝国の戦い

ファシズムによって蹂躙された自由や民主主義を守るというスローガンを掲げて戦った反ファシズム諸国の実相が、実際にはさまざまな問題を含むものであったことは、この陣営のもとにあった植民地の人々に着目した場合に、さらにはっきりしてくる。一九三九年にヨーロッパでの戦争が勃発したとき、フランスでは自国とイギリスの帝国領域を赤く塗り、ナチス・ドイツの支配圏を黒く塗った世界地図を示し、「われわれは彼ら（ドイツ）よりも大きく、われわれは勝利する」とうたったポスターが作られた（Raymond Betts, *France and Decolonisation 1900-1960*）。実際、戦争の遂行にあたっては、イギリスもフランスも、植民地からの人員・物資の動員に多くを頼ったのである。帝国主義国が、その権益に関わる戦争を遂行するにあたって植民地の人々を軍事力として用いることは、一九世紀からみられ（イギリス帝国を支える軍事力のきわめて大きな部分はインド兵によって担われていた）、第一次世界大戦では大規模な動員が行われたが、第二次世界大戦でも、植民地人員の助力なくしては、この両国は戦いえなかった。イギリスの場合、インドで二五〇万人に及ぶ人々が動員されたのを最高に、アフリカからは六〇万人近くが動員された。フランスでは、ヨーロッパでの戦争勃発から四〇年六月のフランス敗北時までにアフリカやインドシナから六〇万人を超える人々が動員された。「自由フランス」のもとでのアフリカ人の動員数は約二〇万人であったが、この数字でも英仏両国の支配下にあった地域のアフリカ人人口との比率からみると、フランスの方がイギリスの約二倍の率で動員を行ったことになる（Myron Echenberg, *Colonial Conscripts. The Tirailleurs Sénégalais in French West Africa, 1857-1960*）。

植民地の人々の動員には確かに強制力が働いたが（宗主国の意を受けて首長が強制することも多々あった）、彼らが宗主国の戦争に協力していった動機が多様なものであったことには、留意しておく必要があろう。英領ベチュアナランド（現ボツワナ）から動員されていったある兵士の妻は、当時を回想して、「戦争に出かけた者はさまざまな理由で出かけたのです。ただ行きたいという者もいれば、お金がほしかった者もいるし、何か仕事をしたいから行くという者もいました。自分たちに教育を与えて下さり、よい生活を与えて下さった女王《（ママ）》様を助けたいと思った者もいました。でも、どこに行き、どのくらい長くそこにいることになるのかは、知らなかったのです」（Ashley Jackson, *Botswana 1939-1945*）。

ただし、このようにして動員されていった植民地の人々にとって、反ファシズムという大義はあまり意味をもたなかった。ドイツで発行されていた風刺雑誌『ズィンプリツィシムス』の一九四〇年三月号の表紙を飾った漫画は、軍服を着たアフリカ人の若者とその父親を描き、そのキャプションには次のように書かれていた。「父さん、イギリスと文明のための戦いに明日出発します」「よし、息子よ、向こうに着いたら、イギリスの金儲けのために俺たちがかつても血を流したということを忘れるな」（Joseph Darracott, *A Cartoon War. World War Two in Cartoons*）。このような風刺が完全に的外れではなかったことは、長くナイジェリアに居住していた一イギリス人の、「人々はまだ白人のことを、皮膚の色、教育、宗教をともにするひとまとまりの存在であると考えていた。（中略）われわれがドイツやヴィシー・フランスを非難すれば、それはわれわれ自身をも非難することになったのである」という回想にも示されている（Wendell P. Holbrook, "British Propaganda and

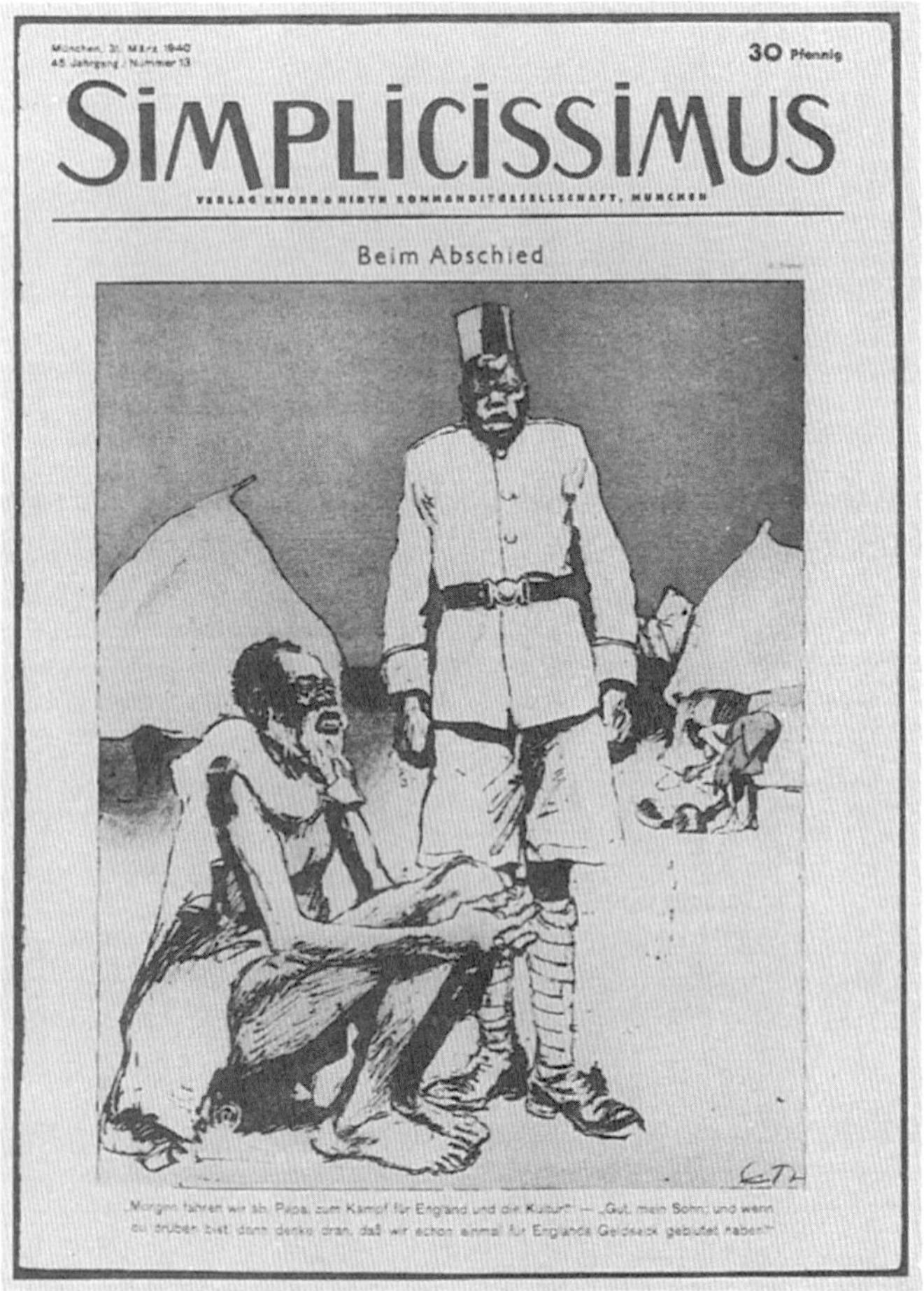

図17 『ズィンプリツィシムス』の表紙
(Joseph Darracott, *A Cartoon War. World War Two in Cartoons*〔London, 1989〕より)

the Mobilization of the Gold Coast War Effort, 1939-1945", *Journal of African History*, 26-4)。帝国主義によって分割された世界のなかで、支配される側に立ってきた人々の眼からみれば、世界の再分割をめざす極端に侵略的な帝国主義国であるファシズム国家であろうと、守勢的な帝国主義戦争を戦う反ファシズム国家であろうと、その間の差はほとんどなかったのである。

ファシズム諸国の側でも、それまでの植民地であった地域や、この戦争の過程で支配下に入った地域の人々が、大量に動員された。ドイツでは、とくに独ソ戦争によってドイツの占領下に入ったソ連地域から、戦争捕虜をはじめとする大量の人々がドイツ戦争経済のために動員された。一九四二年の一年間だけで、三九〇万人の外国人労働者がドイツに強制連行されたが、そのうちの約六〇%がソ連人労働者であった（矢野久「外国人労働者の強制連行・強制労働」井上茂子ほか『1939　ドイツ第三帝国と第二次世界大戦』）。

また日本の場合、戦争遂行のための労働力を確保するために植民地の人々の強制連行を行った。一九三九年から朝鮮総督府が実施した日本や日本の占領地への朝鮮人の強制連行の対象となった人々の数は、内務省の調査によると七二万人以上であったが、それよりずっと多数であったとの推定もある。アジア太平洋戦争が始まった後の四二年になると、植民地の台湾・朝鮮の人々を日本軍の軍属（軍隊で働く非軍人）として連合国軍戦争捕虜の監視に当たらせるという決定が下された。タイやマラヤ、ジャワの俘虜《ふりょ》収容所に配置された台湾人・朝鮮人軍属は、日本に支配される地域の住民として抱いてきた不満感を捕虜への抑圧的な態度に転化させるということもあり、捕虜たちの直接的な恨みをかう立場に立たされた。そのため、彼らの多くが戦後のBC級戦犯裁判で裁かれる対象となったのである。裁判で有罪とされた者は一二九名で、そのうち一四名は死刑となった（内海愛子「戦時下の外国人人権」『季刊戦争責任研究』三）。裁判にあたって連合国側は、彼ら台湾人・朝鮮人が植民地住民として置かれていた位置を考慮することがなかった。植民地の人々の苦しみや痛みを勘案する姿勢は、反ファシズム諸国にもみられなかったのである。

日本についてはさらに、アジア太平洋戦争の過程で占領した東南アジア諸地域の多くの人々を「ロームシャ」（労務者）として徴用したことにも触れておかなければならない。「ロームシャ」はさまざまな所で用いられたが、とくにタイ—ビルマ（泰緬）鉄道の建設には、マラヤ、タイ、ビルマ、ベトナム、インドネシアから二十数万人が使われ、その半数近くが死亡したと推定されている。

植民地・従属地域の人々の戦争への動員について述べたところで、反ファシズム諸国内部の少数派の問題にも少し触れておこう。

反ファシズム戦争とアメリカ黒人

連合国側がかかげた反ファシズムの大義をそのままには受け入れがたい状況がみられた典型的な例として、アメリカの黒人をあげることができる。徴兵された黒人は白人とは別個の部隊に入れられて、人種による分断・差別が貫かれたし（ただし戦争末期、四五年初めにはドイツで戦う部隊で白人部隊と黒人部隊の統合が実施された）、その多くは英仏の植民地兵士と同様、建設や輸送・補給といった業務に従事させられた。第一次世界大戦の場合と比べると、軍隊内での黒人兵士の処遇は変化したが（たとえば黒人パイロットが誕生したし、黒人を排除していた海兵隊も黒人を受け入れた）、差別の現実は変わらなかったのである。すでに「世界大戦への道」の章では、イタリアのエチオピア侵略に際してアメリカの黒人の間でエチオピア支援の動きがみられたことを紹介した。しかし、ローズヴェルト大統領が反ファシズムのスローガンとして「四つの自由」（言論表現の自由、信教の自由、欠乏からの自由、恐怖からの自由）をかかげて参加した戦争では、その反ファシズムの思想が国内の被抑圧者に適用されることはなかったのである。アメリカ黒人史の古典的著作のなかで、ジョン・ホープ・フランクリンは、「四つの自由という原則と彼ら

〔黒人〕自身のおかれたひどい境遇とを調和させようとして、彼らが経験した感情的な矛盾と欲求不満とは、彼らの多くからその元気を失わせたのである」と、断じている（ジョン・ホープ・フランクリン『アメリカ黒人の歴史　奴隷から自由へ』）。

アメリカの黒人兵の処遇は、同じ反ファシズム陣営のイギリスにも少なからぬ影響を及ぼした。アメリカの参戦後、大量のアメリカ黒人兵がイギリスに進駐することになったが、それは、イギリスにおける有色人種処遇問題に火をつけることになったのである。それまで、イギリス人は広大な帝国を支配するなかで、白人を頂点としてアフリカなどの黒人を最下層とする人種的なピラミッドの存在を自明のものとしていたが、イギリスの国内自体では、一部の港町などを除いて居住する有色人種の数が少なかったこともあり、人種主義や人種差別問題は表面化していなかった。第二次世界大戦によるアメリカ黒人兵の到来は、この状況を変化させた。米軍がやってきはじめた一九四二年に陸軍がつくった「イギリスにおける米国有色人部隊」という覚書では、有色人部隊は戦闘に向いていないために労働部隊として用いられているのだという人種的偏見に満ちた観察が述べられるとともに、米軍内の人種差別を当然の問題として、「公式の差別」はイギリス側としてとりえないとしても、アメリカのやり方に沿うような態度を黒人兵に対してとるべきであるとの見解が表明されていた（Thomas E. Hachey, "Jim Crow with a British Accent", *Journal of Negro History*, 54-1）。イギリスの閣僚も大勢として、こうした姿勢を支持した。パン・アフリカ運動の指導者ジョージ・パドモアは、アメリカ黒人兵をめぐるこのようなイギリス政府の姿勢を批判しつつ、イギリス国内でのこの有色人種問題は、イギリス帝国全体での人種差別の一環であると指摘し、それに密接に関係することとして、この大戦中に植民地の将来について何の約束もなされない点に注意を促した（Paul B. Rich, *Race and Empire in British Politics*）。これは、問題の本質を鋭くついた指摘であった。次項では、連合国側のそのような姿勢から、帝国主義戦争としての性格を考えてみることにしよう。

守勢に立つ帝国

すでに本書で強調してきたように、第二次世界大戦は、枢軸国＝ファシズム諸国が対外侵略によって世界を再分割しようと試みたことから発生した。一九世紀後半から二〇世紀初頭の「帝国主義の時代」に帝国主義列強によって分割し尽くされた世界は、第一次世界大戦をへることによって、植民地・従属地域の自立・独立（脱植民地化）の方向に向かいつつあったが、枢軸国はその流れに完全に逆行する形で、領土の拡大をめざしたのである。枢軸国は、「持たざる国」が「持てる国」に挑戦していくのは当然であるとして、自国の侵略行動を正当化しようとした。問題は、それに対し、「持てる国」であった連合国側が、自国の領土が戦争によって失われていくことをいかにして防ぐかに腐心したという点である。

すでに前章「世界大戦の展開」で述べたように、三九年九月のヨーロッパでの戦争開始直後から、インドでは国民会議派が、独立についての約束がえられないなら戦争協力には応じられないという態度をとったが、イギリス側はインド独立の方向にコミットしようとはしなかった。そのような姿勢が変化したのは、日本による東南アジア英領の占領が進んだ四二年春のことで、帝国主義国としてのイギリスの力と権威が急激に失墜する状況下、インドがイギリスから離反していくことを防ぐため、三月から四月にかけてインドに赴いたサー・スタフォード・クリップスの率いる英政府使節団は、戦争が終わった後インドを自治領にすること、すなわちインドの独立を認めることを約束した。この提案は、戦後をまたずに独立を認めることを求めていた国民会議派には結局容れられなかったものの、こうしてインド独立をめぐる新たな政策を提示せざるをえなかった点に、イギリスが陥っていた苦境の深さがあらわれている。

とはいえ、イギリスの植民地政策のなかで、インドへの対応はむしろ例外的であった。それ以外の帝国領土については、イギリスは独立付与の方向性を示すことをできる限り回避しようとした。たとえば、大戦中に米英間で議論された植民地地域の将来に関する共同声明をめぐって、イギリスは米側草案が「独立」という表現を用いたことにいらだちを示した。実質的にそれに代わるものとしてスタンリー植民地担当相が議会で行った演説は、「イギリス植民地の統治はイギリスのみの責任でありつづけなければならない」という方針を再確認するものとなり、植民地独立の方向などはまったく示唆されなかったのである（英下院議事録）。

個々の植民地をめぐる政策でもそうした態度は堅持された。たとえば、日本に占領されていたマラヤについて、イギリス政府は戦後のマラヤへの復帰計画を練るなかで、当初は独立はおろか、自治の可能性にも触れようとしなかった。四三年春以降になると自治という言葉がようやく使われはじめたが、それは漠然とした目標にすぎず、いつ実現されるかわからない、はるか先のことを指すにとどまっていた。イギリスの戦時政治宣伝を担当していた政治戦執行機関が戦争終結も近づいた四五年五月に作成した方針も、英連邦内での自治を究極的に達成するという見通しを示しながらも、そういった将来に向けて具体的な変化が起こっているとの印象は与えてはならない、としていた（特別作戦機関文書）。

植民地の独立可能性を考慮しないという姿勢は、フランスでも同様に支配的であった。

その点では、ヴィシー政権であれ、国外からの抵抗運動を指導したド＝ゴール指導下の「自由フランス」であれ、大差はなかった。植民地の人々の福利を増進する政策への消極性や、独立の方向への否定的姿勢は、「自由フランス」とヴィシー政権の間で決定的な違いはなかったのである。フランス帝国では、まずチャドなどの赤道アフリカ地域が「自由フランス」の勢力下に入った後、その他の地域もしだいにヴィシー政権の手を離れていったが（ただし日本との「協力」体制をとっていたインドシナはヴィシー政権下に残った）、それは独立の可能性の増大を意味しなかった。ド＝ゴールは、「戦争の終結は、フランス全領土の回復、フランスの遺産の回復、フランス国家の全主権の回復、この三つの同時達成」でなければならない、と考えていたのである（クリストファー・ソーン『太平洋戦争とは何だったのか』）。

アルジェリアの民族運動家フェルハト・アッバースが、四三年三月、「アルジェリア人民の宣言」を発して、アルジェリア人の戦争協力の見返りとして、法の前での人種的平等、アラビア語の公用語化などを求め、アルジェリアに自治を与えるように要求したときも、「自由フランス」側は結局それまでのフランスの植民地政策の延長であるフランスへのアルジェリアの「同化」を追求するという姿勢しか示さなかった（Martin Thomas, *French*

Empire at War 1940-45)。四四年一月末からコンゴのブラザヴィルで開かれた植民地をめぐる会議（植民地の被支配民族の代表が出席を許されなかったことにこの会議の性格はよくあらわされていた）は、植民地住民の権利を拡大する方向性を示しはしたものの、大戦によっても植民地統治の基本的性格にはなんらの変化も起こっていないとの前提のもとに、植民地の自治の可能性を否定した。

このような英仏などに対し、アメリカは、当初異なる姿勢をみせていた。アメリカは自国が支配していたフィリピンに対してすでに独立付与を約束しており、ローズヴェルト大統領を中心に、旧態然たる植民地支配の継続には批判的態度をとっていた。イギリスの駐米大使ハリファクスに向かって、イギリスやオランダは「よい仕事をしてきたが、フランスは絶望的だ」と語ったことに示されるように（Walter LaFeber, "Roosevelt, Churchill, and Indochina 1942-45", *American Historical Review*, 80-5）、ローズヴェルトはとくにフランスに厳しかったが、イギリスなどの場合でも、戦後に植民地に復帰するにあたってはその統治についてなんらかの国際的な監視が必要であると彼は考えており、基本的に旧来のままの形での植民地支配の継続を目論むヨーロッパ帝国主義国の態度を快く思っていなかった。このようなアメリカの「反植民地主義」は、領土的支配を伴わない「植民地なき帝

「国主義」という色彩を強く帯びていたが、確かに英仏などの政策とは背馳していた。しかし、戦争の帰趨《きすう》がかなりはっきりしてきた後の四四年半ばごろから、この問題をめぐるアメリカの態度は変化をみせはじめ、ヨーロッパ諸国による植民地支配の再建を容認する態度があらわになってきた。

また、前章で触れた、四四年一〇月のスターリンとチャーチルの間の「パーセンテージ」協定にあらわされていたように、ソ連も勢力圏の拡大・分割をねらい、帝国の論理を追求していた。日本からソ連への千島列島の割譲という、「領土不拡大の原則」に反したヤルタ会談での秘密決定も、この文脈に位置づけることができる。

こうして、さまざまなニュアンスの違いを含みこそすれ、連合国＝反ファシズム諸国は、枢軸国＝ファシズム諸国による露骨な世界再分割の試みに対抗するかたわら、帝国主義的国際秩序を維持し再建しようとする態度をとった。第二次世界大戦の帝国主義戦争という側面は、こうした点に求めることができるのである。

民族解放をめぐる相克

反ファシズム陣営の側がこのような方向を追求していたからこそ、日本は「大東亜を米英の桎梏《しっこく》より解放」(大東亜共同宣言、一九四三年一一月)すると、戦争正当化の理由を述べることができた。そしてアジアの植民地の独立に日本が寄与したとする主張は、今なお影響力をもちつづけている。しかし、日本が米英と開戦する少し前の四一年一一月に決められた「南方占領地行政実施要領」に、「原住土民にたいしては皇軍にたいする信倚《しんい》観念を助長せしむる如《ごと》く指導し其《そ》の独立運動は過早に誘発せしむることを避くるものとす」と記されていたことからもわかるように（外務省編『日本外交年表並主要文書』下）、日本はアジアの独立のために戦ったわけでは決してなかった。大東亜共栄圏構想は、あくまでもアジアにおける日本の支配体制構築のプランだったのである。

結局のところ、植民地・従属諸地域の人々が支配される地位から脱却していくためには、この戦争を利用して自ら主体的に解放の条件をつくっていく以外はなかった。従属地域のなかで、民族運動が比較的発展していたインドやアルジェリアについては、すでにその状況の一部を論じたが、それまで民族運動が微弱であった地域でも、この大戦による変動は、民族解放に向けての意識の覚醒・強化を促した。植民地の人々が戦争に動員され、宗主国の兵士などとともに戦うなかで、民族意識にめざめる場合も多々あった。その状況は、あるアフリカ人兵士の次のような回想によくあらわれている。「兵士たちは戦場で自分の位置についての新たな意識をえたし、時としては新たな技術をも獲得した。差別された賃金とか軍務上の規律その他の条件、陣地で白人の支配人種が時折加えた虐待、（中略）これらもろもろのことがらが兵士たちに嫌悪感を催させ、教訓を与えた。あらゆる階級、あらゆる心情の白人と接することによって、兵士たちは究極の人間性と万人の平等性とを知った。そして戦争が終わるころには、帝国主義の最も強力な支柱の一つとして働いてきた〔白人の〕人種的優越性の神話は以前ほどの力をもたなくなった」(G. O. Olusanya, "The Role of Ex-Servicemen in Nigerian Politics", *Journal of Modern African Studies*, 6-2)。

また、連合国＝反ファシズム諸国の真意がどうであれ、この戦争がもった反ファシズム戦争としての基本的性格は、連合国側の戦争目的の柱となった「大西洋憲章」に盛り込まれた民族自決の原則によって、植民地・従属地域の人々を鼓舞する方向性をもった。たとえば、ナイジェリアの民族運動指導者アジキウェは、四三年に「大西洋憲章と西アフリカ」という覚書を起草し、民族自決をうたった憲章第三項を西アフリカに適用することをイギリスに強く求めた。しかし、イギリス政府はそのような要求に耳をかそうとはしなかった。

連合国側における反ファシズムと帝国主義という二つの性格の併存は、植民地・従属地域の民族運動家の間に、ファシズム陣営側に希望をかける人々を生み出した。たとえば、イギリスの統治下に置かれていた（国際連盟の委任統治領という形であったが実質的にはイギリスの支配地域であった）パレスティナにおけるアラブ民族運動の指導者アミーン・アル・フサイニーは、ドイツの援助のもとに独立を勝ち取ることを期待してナチスに協力した。彼は次のように述べている。「アラブの国々は、ドイツが戦争で勝利をおさめアラブの状況が改善することを固く確信している。アラブ人がドイツ人の自然の友であることは、イギリス人、ユダヤ人、共産主義者という共通の敵をもっている点からして明白である」(Marc Ferro, *Questions sur la IIe guerre mondiale*)。

アジア太平洋戦争においても、そのような民族運動家の姿は日本占領下のさまざまな地域でみることができた。インドネシアのスカルノの場合、日本が帝国主義国であることを承知しつつ、オランダ支配からのインドネシア解放の手段として日本への協力姿勢をとった。私的な会話のなかでスカルノは、「民主主義と軍国主義のどちらを選ぶかと尋ねられれば民主主義を選ぶ。しかし、もしオランダ民主主義を選ぶか日本軍国主義を選ぶかと問われれば、日本軍国主義を選ぶ」と語ったという（後藤乾一『近代日本と東南アジア』）。

こうしたファシズム諸国への協力をヨーロッパとアジア・太平洋をまたにかける形で行ったのが、インドのチャンドラ・ボースである。会議派の中心人物であったボースは、四〇年一一月、イギリス当局によって投獄中に断食を実行し、一時釈放をかちとって自宅に帰り、翌四一年一月に自宅を出奔、ソ連を経由してドイツに渡った。彼はイギリスの敵であるドイツに、インド独立を助けてもらおうとしたのである。しかし、『わが闘争』のなかで「私はこれらのいわゆる被抑圧諸国民が人種的に低級であることをすでに認識しているので、自己の民族をそれらの国民の運命と結合させることはできない」と言い切ったこともあるヒトラーが、インドは結局は白人によって支配されるべきだと考えていたこともあり、ナチス・ドイツは全体としてボースを冷淡に取り扱った。ボースはイタリアにも赴いて助力を要請しているが、そこではムッソリーニが彼に共感を示したものの、外相チァーノは消極的態度しかとらなかった。独伊の対応に失望したボースは四三年二月にドイツを離れ、日本がインド兵戦争捕虜を中心に組織していた「インド国民軍」の指導者となったのである。日本側はあくまでも対外侵略の補助手段として「インド国民軍」を位置づけていたが、ボースも含めインド人側が独立達成への手がかりとしてそれに寄せた期待は大きかった。それゆえにこそ、戦後対敵協力者として「インド国民軍」将兵がイギリス支配当局によって裁判にかけられたとき、インドでは強い抗議の声があげられたのである。

一方、ファシズム諸国への「協力」をいさぎよしとしなかった民族運動指導者も、ディレンマに直面していたことは、フランスの植民地であったチュニジアのブルギバの次の言葉がよく示唆している。「フランスの敗北が神による懲罰であり、フランスによる支配が終わりを迎え、確実と考えられている枢軸国の勝利によってわれわれの時代が到来するとのナイーブな信念が、多くの人々の心のなかに根付いていることはもっともである。しかし、私はその信念は誤っているといいたい。それは大きな、許されざる誤りである」(Marc Ferro, *Questions sur la IIe guerre mondiale*)。ブルギバの場合は、反ファシズム陣営への協力の道を選んだが、こうしたディレンマのもとで、インド国民会議派のガンディーやネルーのように、枢軸国＝ファシズム陣営に「協力」することも、連合国＝反ファシズム陣営の戦争遂行に力を貸すこともせず、戦争に非協力の態度をとる人々もあらわれた。

植民地の民族運動家の行動が示したこのような多様なベクトルは、第二次世界大戦の複合的性格をよく表現していたのである。

戦争体制から戦後秩序へ

総力戦と社会変化

アボリジニの動員

「長年にわたって先住民といっしょに暮らし働いてきた白人たちは彼らを情け容赦なく搾取してきたし、今でもそうしている。その白人たちは、先住民が戦争のために組織されると、平時にも自動的に組織されるようになり、戦争が終わった後にこれ以上の搾取に耐える気がなくなるだろうことがわかっている」。オーストラリア首相カーティンに宛てた手紙のなかで、先住民アボリジニの戦時動員を推進しようとする一白人は、このように記した（David Day, *Claiming a Continent*）。南太平洋の隣国ニュージーランドでは、先住民マオリ（議会に割り当てられた議席をもつなど、彼らと白人との社会的格差はアボリジニの場合よりも小さかった）から成る一個大隊がヨーロッパでの開戦直後の三九年一〇月に結成されていたが、オーストラリアではこの手紙を受け取ったカーティンが首相になった四一年秋になっても、アボリジニの戦争への動員は進んでいなかった。ヨーロッパでの開戦と同時にオーストラリアも戦争状態に入るなかで、軍隊に加わるアボリジニもいないわけではなかったが、彼らの動員は「必要でもなく望ましくもない」(四〇年五月の陸軍軍務局覚書。Robert Hall, "Aborigines, the Army and the Second World War in Northern Australia", *Aboriginal History*, 4-1) として、実行されなかったのである。そのような姿勢の背後には、上記の手紙が予測したような事態への懸念も働いていたと考えられる。またアボリジニが多く居住していた北部オーストラリアでは、北方からオーストラリアを脅かす日本に彼らが与《くみ》するのではないかという危惧《きぐ》も抱かれていた。

しかし、実際に日本がアジア太平洋戦争を開始し、オーストラリアが戦争遂行のための人員不足に直面するようになると、軍部は本格的にアボリジニの動員を始めざるをえなくなった。兵士となった者のほか、多くのアボリジニが戦争遂行を支える労働者として動員され、四四年半ばになると北部地方(ノーザン・テリトリー)のアボリジニの労働人口の五分の一は陸軍に雇用されるという状況になった。

このアボリジニのように、当初動員が考えられていなかった人々までをも大量に巻き込んで戦わなければならない戦争、それが総力戦としての第二次世界大戦のひとつの姿であった。世界はすでに第一次世界大戦で大規模な総力戦の様相を経験していたが、この戦争でも、主要交戦国は、人間・物資をとわず国の総力をあげて戦争体制をつくりあげざるをえなかったのである。総力戦体制の構築は、社会の編成のされ方や、人々の意識に変化を及ぼした。ただし、その変化がいかに戦後の世界につながっていったかという点は、慎重な検討を要する。

オーストラリアのアボリジニの場合、総力戦への参加は確かにさまざまな面での変化を彼らにもたらした。軍隊での就業の結果、多くのアボリジニが労働の規律を学び、市場経済への親和性を増した。小さな集団のなかで白人兵士との友情を育てたアボリジニもいた一方、米軍の黒人兵士との遭遇は、人種差別の広がりをアボリジニに認識させた。意識の変化は白人の側にも見られ、はじめてアボリジニに間近で接することによって、彼らがいかに抑圧されてきたかに気づいた人々もあらわれてきた。総力戦は、アボリジニ自身と彼らをとりまく環境に少なからぬ変化を及ぼしたのである。

しかし、戦争が終わってみると、アボリジニの人々はまた激しい差別にさらされ、社会の底辺に置かれる元の生活へと戻らなければならなかった。先に引いたカーティン宛て書箇の予測は、当たらなかったのである。とはいえ、総力戦へのアボリジニの参加は、戦後の変化にまったくつながらなかったというわけではない。四九年にはチフリー労働党内閣が、兵士であったアボリジニと「投票権を行使しうると考えられるだけの文明資質」をもったアボリジニに選挙権を拡大することを決めたが、これは明らかに総力戦がもたらした変化であった。

総力戦体制と女性

アボリジニの例にみられるような社会的マイノリティも含め、総力戦体制は広範な人々を包み込んだ。ここでは次に総力戦が女性にとってもった意味を取りあげてみよう。

女性の動員が最も体系的に行われた国として、イギリスをあげることができる。イギリスでは、四一年末に二〇歳から三〇歳までの独身女性が徴兵の対象とされ、さらに四二年二月にはこの年齢層の女性すべてを対象に、戦争に必要な産業に労働力を振り向けていく体制がつくられていった。そのような政策の結果、イギリスで三九年から四三年までに増加した労働力の八〇%は、それまで職についていなかった女性や主婦で占められることになった（Alan S. Milward, *War, Economy and Society 1939-1945*）。さまざまな職場での女性労働者の割合は高まり、三九年と四三年を比べてみると、機械産業で一〇%から三四%、金属産業で六%から二二%、運輸業で五%から二〇%へと、著しい増加がみられた。さらに「女性ヴォランタリーサーヴィス」(この組織は最初はドイツ軍の空襲に備える防空業務を助ける団体として作られたが、活動範囲を広げていった)に属して戦争体制を支えていた女性の数も一〇〇万人にのぼった。

イギリスと比べる意味で、ドイツに着目してみると、ここでは四三年スターリングラードでの敗北などで戦争での劣勢が表面化してくるに及んで、軍需労働への女性の動員が本格化することになったが、女性労働者の割合が三九年時点に比べて大きく上昇することはなかった(三九年の三七%に対し四四年に四二%)のである(György Rânki, *The Economics of the Second World War*)。三三年のナチスによる政権掌握から三九年のヨーロッパでの開戦までの間に、ドイツではすでに女性労働者のかなりの増大がみられていたため、イギリスと比べて女性労働者の追加供給源が限られていたことも忘れてはならないが、ヒトラーなどの考えで、女性が「支配民族」の成員を再生産する存在として位置づけられ、「母性」が何よりも重視されたことが、そうした状況の大きな要因と考えられる(クローディア・クーンズ『父の国の母たち』)。日本の場合も同様に戦時における女性労働者の増加の度合いは少なかった。四〇年に三九%を占めていた女性労働者の割合は、四四年になっても

図18　郷土防衛隊への女性の参加を呼びかけるイギリスのポスター
(Imperial War Museum, *Second World War Posters* 〔London, 1981〕 より)

四二%にとどまっており（Thomas R. H. Havens, "Women and War in Japan, 1937-45", *American Historical Review*, 80-4）、ここでも「母性」が強調されたのである。

しかし、総力戦体制のもとでの女性の動員が目立ったイギリスの場合においても、「母性」を軸とする女性の役割観念は決して薄れたわけではなかった。戦時の社会参加が戦後におけるイギリス女性の社会的解放に直接つながったとする、かつて有力であった見解は、最近ではとくにフェミニスト史家によって否定されてきている。第二次世界大戦によって女性の新しい役割が生まれたどころか伝統的な性別役割分担が強化されたする見解も出てきているが、そこまでは言い切れないにせよ、戦時に新たな職についた女性は、多くの場合家庭における仕事を同時に行わなければならず、結局のところ社会のなかでの女性の位置と役割についての考え方は、イギリスでもほとんど変わらなかった（Lucy Noakes, *War and the British*）。女性が工場などに進出したとしても、その仕事はあくまでも戦争遂行に中心的役割を演じている男性に対して副次的なものとみなされたのである。

イギリスで女性の動員が加速化した四一年末、ある男性労働者は「もしも既婚女性が動員されると家庭生活は消えてしまい、戦争が終わった後にそれを回復することは困難だろう。〔戦線から〕休暇で戻ってくる男は、一日のうち一、二時間しか妻に会うことができないだろうし、予備役の仕事についている男が帰宅しても、彼を待っている家は冷えこんで乱雑で、食事の用意もされていないことだろう」と慨嘆したが（Penny Summerfield, *Women Workers in the Second World War*）、その心配は杞憂《きゆう》に終わったといえる。そして戦争が終わると、第一次世界大戦の場合と同様、戦時に社会進出した女性の多くは家庭に戻っていった。四三年に五一％に達していた成人女性の就業率は、四七年には四〇％に、五一年には三五％へと減少した。三一年段階（三四％）とほぼ同じレベルに戻ったのである。

ただし、ここでも総力戦体制がもった意味を否定し去ってしまうことには慎重でなければならない。たとえば、女性の就業率が五〇年代には三〇年代と同じレベルに戻ったとしても、その内訳に顕著な変化がみられたことに注意する必要がある。既婚女性の就業率が大幅に増大したのであり、三一年には就業女性の一六％のみが既婚者であったのに対し、五一年には四三％となった。この変化にとっては、総力戦体制下での既婚女性の動員が大きな意味をもったといえる。

このように、総力戦による動員は、それに巻き込まれた人々にさまざまな影響を及ぼし、交戦国の社会のあり方を変えていった。多くの人々がそれまでの生活とは異なった環境のなかに置かれたことは、戦争の終結がその変化にいちおうの終止符を打ったとしても、その後の時代になんらかの形で影を落としていったのである。

社会改革構想の提起

さらにこの大戦では、総力戦下の変化のもとで、戦後の将来を視野にいれつつ社会改革を構想していこうとする意識的な試みがなされたことにも、注目しなければならない。第一次世界大戦期にも戦後の社会再建構想は存在したが、この大戦ではそうした姿勢がはるかに積極的な形でみられたのである。しかも、それは反ファシズム陣営の側で目立っていた。ファシズムと戦い民主主義を守るための戦争は、それを戦う国の内部での人々の生活の向上に結びつかなければならないという考え方は、強い説得力をもち、反ファシズムの理念と総力戦下での状況を戦後の社会に生かし、国家が主導して人々の福祉を増進していこうとする改革の姿勢がひろがっていった。

それが最もよくあらわれた国が、イギリスであった。イギリスでは、三人に一人がその放送を聞いていたといわれるほど人気の高かったラジオ番組のなかで、作家のＪ・Ｂ・プリーストリが、三〇年代にみられたような社会の窮状にあともどりはできないとして、財産中心の考え方にかわって、共同体精神に立脚する社会をつくりあげるべきだと説いたり、『ザ・タイムズ』紙の論説委員となった国際政治学者E・H・カーが、社会の組織化や経済計画を許容しない個人主義批判の議論を展開するなど、戦争を社会改革につないでいこうとする声がいろいろなところであげられた。前章で論じたように、イギリスが帝国主義国としての色彩を濃くたたえつつこの戦争を遂行していたとしても、戦争の基本的性格であるファシズム―反ファシズムの対抗軸が、イギリスの総力戦体制の基盤には存在していたのであり、ファシズムを打倒しようとする意欲が国内での社会改革を要求する声と結びついたのである。

こうした気運のもとで生み出されたのが、四二年一二月の「ベヴァリッジ報告書」である。社会保険と関連サービスについての政府委員会のこの報告書は、「ゆりかごから墓場まで」の社会福祉制度の青写真とみなしうるもので、戦後の福祉国家体制の原点となった。二〇世紀初頭から始まっていた、福祉国家へのイギリスの歩みは、総力戦体制をへることによって加速化されていった。「戦後のいかなる政府も、戦時中に非常に強まり、ベヴァリッジ報告に対する支持で頂点に達した民衆への変革を無視することはできなかった」のである（パット・セイン『イギリス福祉国家の社会史』）。

第二次世界大戦中のイギリス国内社会についての最近の研究は、総力戦と社会改革構想の関連について、従来の見方ではあまりに国内のコンセンサス（「民衆の戦争」史観）が強調されすぎていたとして、意見の相違や矛盾の存在を重視する傾向がある。しかし、そのような主張の力を認めたうえでもなお、福祉国家への流れが、イギリスの戦争のなかできわめて重要な潮流であったということ自体は否定しえない。

反ファシズムの思想と社会改革構想の結合は、レジスタンス運動のなかにもみてとることができる。フランスのレジスタンス諸勢力が結集して四三年に結成された「全国抵抗評議会」の綱領は、真の経済的・社会的民主主義の樹立、経済構造の改革や計画化をうたい、これが戦後の第四共和制下での福祉国家体制創出のひとつの基盤となった。この綱領の精神は、フランス革命に淵源《えんげん》するジャコバン的な自由・平等・博愛の理念に立脚し、また一九三〇年代のフランス人民戦線の姿勢をうけつぐものであったが、反ファシズム戦争のなかで具体化・深化が進んだのである（中木康夫『フランス政治史』中）。

ファシズム陣営においても、戦争と社会改革を結びつけようとする志向は存在した。たとえばドイツの場合、ナチ体制への労働者の組み入れに大きな役割を演じたドイツ労働戦線の指導者ローベルト・ライが四〇年秋に提示した「ドイツ国民の社会事業」計画は、広範な分野にわたる社会政策の戦後計画であった。この計画についてドイツの歴史家フライは、「イギリスのベヴァリッジ・プランとライの『社会事業』計画とは、社会政策における国家の役割の拡充という枠組において、今後開拓していくべき分野の確定についてはほとんどかわることがなかった」と、述べている。ただし、同時にフライが強調するように、この計画はナチスの人種主義によって色濃く染めあげられていた点で、ベヴァリッジ・プランとは決定的に相違しており、ナチスの「世界観戦争の前提のもとでは、社会政策がそれ本来の価値を持つことはできなかった」のである（ノルベルト・フライ『総統国家』）。

一方、日本でも、総力戦体制のもとで、国民健康保険制度が拡大するなどの事態が見られたし、アジア太平洋戦争の開始前ではあるが大河内一男による『戦時社会政策論』（一九四〇年一二月刊）が上梓《じょうし》されるなど、社会改革への胎動がみられなかったわけではない。しかし、大河内自身が戦後この著作について「戦時において、いや戦時であるからこそ、社会政策が必要であるという、一見したところ逆説的と思えるロジックを述べることは、おそろしく異端のことであった」（『大河内一男著作集』四）と述べているところにも示されているように、そうした志向が総力戦遂行にあたっての社会に広がっていくことはありえなかった。日本の社会改革は、戦後、連合国最高司令官総司令部（GHQ）の主導のもとに進められていくことになるのである。

総力戦体制と社会改革姿勢のつながり方は、反ファシズム戦争という第二次世界大戦の中心的性格を映し出す鏡となっていたと考えられる。

国際体制の変容

国際連合の創設

第二次世界大戦は、国際体制にも大きな変化をもたらした。その変化のうち、帝国主義世界体制の動揺については、すでに「帝国主義戦争と民族解放戦争」の節である程度触れた。世界の大勢としては、被支配―従属地域の解放への動き（脱植民地化過程）が始まっているなかで、新たに暴力的な形で支配領域の拡大に乗り出したファシズム諸国と、あくまで受け身の姿勢で帝国主義体制の延命を図ろうとする反ファシズム陣営側列強との相克のはざまで、民族解放を実現しようとする勢力がさまざまな試みを展開した結果、大戦後、脱植民地化の過程は帝国主義列強の思惑をはるかにこえるはやさで進行していくことになったのである。

これが、下から国際体制を変えていこうとする動きであったのに対し、大戦は上からの国際体制改編の試みも、早くから生み出した。その中心となったのが、国際連合創設に向けての取り組みである。国際連盟が第一次世界大戦後に急ごしらえ的につくられたのに比べ、国際連合は連合国のもとで大戦中に周到に準備された。そこでは、国際連盟に加わっていなかったアメリカの主導的役割が顕著であった。

アメリカでは、日本の真珠湾攻撃による参戦以前から、政府内部でも民間レベルでも新しい国際組織についての検討が始められていたが、参戦後その動きは本格化し、四二年初めから国務省のもとで戦後国際組織のあり方についての計画づくりが開始された。この動きは、植民地支配体制の将来をめぐる英米間の齟齬《そご》などのために、当初は緩慢にしか進まなかったが、戦局が転換し連合国側の勝勢が見えてきた四三年にはスピードが速まり、四三年一二月には、国務省の国際連合構想第一次草案が作成された。この構想ではすでに、新しい国際組織が、加盟国の平等な参加による総会をもつということと同時に、「数個の国家が国際的安全保障の維持に例外的責任を負う」ということ、すなわち国際連合の安全保障理事会における常任理事国五大国の拒否権につながる大国優位の性格をもつことが、示されていた（紀平英作『パクス・アメリカーナへの道』）。

こうしたアメリカの主導性とともに着目すべき点は、連合国の主要な一員となっていたソ連が、新たな国際機構創設の動きに深く関わったことである。国際連盟がソヴェト・ロシアを排除した形で発足したのとは、対照的な事態が進行したのである。四三年五月にコミンテルンが解散されたことも、こうした動きにコミットしようとするソ連の外交姿勢と密接不可分の関係にあった。コミンテルンの解散決定にあたって鍵となったのは、やはりスターリンの意向であり、彼は連合国陣営で米英との関係を強化するために、いまやお荷物となった観のあるコミンテルンを解体する方向に踏み切った。戦後の国際体制への準備は、反ファシズム戦争のなかでの大国間協調の枠組みのもとで進んだのである。

ただし、中小国の力も決して小さなものにとどまらなかった。大国中心の協議をへて、国際連合憲章の採択と署名のための会議が、四五年四月末からサンフランシスコにおいて開催されたとき、参加した中小国はきわめて活発に発言した。この会議で提案された修正は一二〇〇にのぼり、中小国側の要求が受け入れられる場合も多々あったのである。そうした提案の結果、大国も中小国も平等に参加する総会の役割はより明確になり、経済社会理事会の位置も引き上げられて国連の主要機関の一つとされることになった。また、憲章第一一章として「非自治地域に関する宣言」が加わったのも、この会議での討論の結果であった。「人民がまだ完全には自治を行うにいたっていない地域」を統治する国連加盟国が、「この地域の住民の利益が至上のものであるという原則を承認」することなどをうたったこの宣言は、新たな国際組織が植民地地域の問題に強い関心を注いでいくことを予示していた。民族解放戦争としての第二次世界大戦の性格が国連に刻印されたといえよう。

一方、中小国の意向が反映されなかった最大の問題は、安全保障理事会での大国の拒否権問題であった。拒否権の承認は、戦争と平和を決定する権限を大国に与える可能性を意味したため、中小国側はそれに強い批判の姿勢を示したが、ソ連をも含む大国側の主張の結果、拒否権は実現することになった。

こうして、まだアジア太平洋では日本との戦争がつづいている間（サンフランシスコ会議が閉幕し、国連憲章が調印されたのは六月二六日、沖縄戦での日本守備隊が壊滅した直後のことである）に完成した憲章に基づいて、国際連合は四五年一〇月に発足した。

国民国家体制への問い

大戦による国際体制の変容に関しては、いま一つ、国民国家体制をめぐる動向に着目しておきたい。

今取り上げた国際連合は、ユナイテッド・ネイションズ（国民国家の連合）と呼ばれる。ユナイテッド・ネイションズとは、世界大戦で反ファシズム陣営を形成した連合国の呼称にほかならず、そのつながりが新しい国際組織へと移行したともいうことができよう。第二次世界大戦が総力戦として遂行されるに際し、戦争の単位となったのは、一九世紀以来国際体制の構成要素となってきた国民国家だったのであり、この国民国家体制は、第二次世界大戦を経過することによって、いっそうの拡大・展開をみたのである。

交戦諸国では総力戦に人々を動員していくために、ナショナリズム、愛国主義が鼓吹され、ソ連やアメリカという、多民族から成る国民国家も含め、国家としての結合の強化が追求された。ソ連における「大祖国戦争」としての戦争遂行がその姿をよくあらわしている。また、戦争に参加させられた植民地・従属国で民族解放の意識が高揚するに際して、めざされていたのは、あくまでも国民国家としての自立・独立であった。しかし第二次世界大戦期には、このように国民国家体制が基軸となる一方で、国民国家に代わる新たな地域秩序を模索する動きも、二つの方向をとってかなり明確に姿をあらわした。一つは国民国家を構成していたより小さな地域を軸とする人々の地域的独自性の主張であり、いま一つは国民国家の枠をこえるより大きな地域的統合の模索である。

国民国家体制の内側の地域の動きは、総力戦体制への非協力や、占領地における「対敵協力」のなかに見てとることができる。イギリスで、スコットランドやウェールズの自立を求める（すなわちイギリスという国民国家体制の解体をめざす）スコットランド国民党やウェールズ国民党が、戦争協力拒否の立場に立ったのは、国民国家としての総力戦体制への異議申し立ての例である（木畑洋一『支配の代償』）。これらの政党は当時まだきわめて弱小な党であったが、こうした姿勢をとることによって、勢力を拡大した。

地域主義に根ざす「対敵協力」の例は、さまざまなところで見出すことができる。たとえば、ベルギーのフラマン人のなかには、占領者であるナチス・ドイツと協力することによってベルギーという国民国家体制を崩し、自分たちの新秩序をうちたてようとする傾向が強く見られた。またソ連という国家の枠組みのもとで不満を内攻させていたウクライナでは、独立をめざす勢力が、まずドイツ占領者と結んでソ連と戦い、戦局が転換した一九四三年二月以降はドイツ軍に挑戦、さらに戦争終了後も一九五〇年代初めまでパルチザンとしてソ連軍と戦うという、複雑な軌跡を描いている。

このような動きが国民国家体制に内から修正を迫るものであったとすると、それを外から修正しようとする試みも、ヨーロッパにおいて浮上してきた。そもそもヒトラーがめざしたナチス・ドイツ支配下のヨーロッパ新秩序も、それまでの国民国家体制を崩したところから生まれるはずのものであったが、ここで取り上げるのは、そのように力でつくりあげられようとした「新秩序」ではない。ファシズムに対する戦いのなかで構想された、国民国家をこえる地域統合の姿である。反ファシズム戦争の過程では、本書でもすでに紹介したフランスの降伏直前にチャーチル英首相がフランスに申し入れた英仏統合計画とか、亡命政府の間での地域協力計画（ギリシアとユーゴスラヴィアのバルカン連合案など）もみられた。しかし、とくに注目したいのは、レジスタンスのなかにヨーロッパ統合推進の姿勢がみられたことである。

一九四一年七月、イタリアのレジスタンス運動が発したベントテーネ宣言（ベントテーネ島に拘禁されていた人々が起草した宣言）に、その姿勢をうかがうことができる。この宣言は、「まず最初に解決されるべき問題は、ヨーロッパが主権国民国家に分けられている状態を最終的になくするという課題である。これがなければ、いかなる進歩といえども見せかけにすぎないであろう」とうたいあげたのである（Richard Vaughan, *Twentieth Century Europe*）。レジスタンスは、あくまでも占領者を自国から駆逐しようとするナショナリズム、愛国主義に立脚した運動だったし、この宣言は当時ごく限られた範囲でしか知られていなかったから、これを戦後のヨーロッパ統合の直接的前提として位置づけることには無理がある。とはいえ最大に歪んだナショナリズムを伴うファシズムに対抗するレジスタンス運動のなかから、国民国家をこえる道がこうした形で模索されていたことの歴史的意味は大きい。

近年のヨーロッパ統合史研究の流れのなかでは、現実の統合へのダイナミズムは、国民国家を乗り越えようとする動機にではなく、むしろ「国民国家を救済」する動きに求められるとする見方が強くなっている（Alan S. Milward, *The European Rescue of the Nation State*）。しかし、「国民国家の救済」という契機にもっぱら着目して、国民国家体制への批判という潮流（それは二つの世界大戦でともに中心舞台となったヨーロッパであればこそ、育まれたものであった）の力を軽視することにも、また問題がある。国民国家体制のいっそうの広がりをもたらした第二次世界大戦が、同時にその体制への鋭い問いをも生んだことが、重要なのである。

世界史のなかの第二次世界大戦

大戦後の国際体制への展望に触れたところで、第二次世界大戦史についての本書の叙述を終わらせなければならない。最後に、人類の歴史のなかで第二次世界大戦をいかに位置づけるべきかについての筆者の考えを、簡単に述べてみよう。

筆者が強調したいのは、この大戦が、近代という時代の到達点であったことである。たとえば、この戦争では、近代の科学技術の達成物がいたるところで用いられた。第一次世界大戦では限られた役割しか演じなかった戦車や航空機が、戦闘の主役となったし、レーダーやソーナーなどが、戦闘における攻防の効率性を飛躍的に増大させた。新しい兵器の極限に位置したものが、核兵器であったことはいうまでもない。また総力戦遂行のためには、電信やラジオなどの情報伝達手段が最大限に活用され、心理学の成果なども応用された。近代世界において人々が営んできた知的活動の達成物が、大規模な破壊のために利用されたわけである。

近代世界の到達点としての第二次世界大戦という性格は、その他の側面についても語ることができる。すなわち、世界戦争としての構造と性格は、大航海時代以降の近代、とりわけ帝国主義の時代において地球の各部分が密接に結びつけられてきた過程の帰結であったし、戦争の基本的性格を規定したファシズムは、近代社会の病理を集約的に表現していた。ナチス・ドイツによるユダヤ人のホロコーストは、すでに述べたように人々の想像を絶する出来事であったが、人類の歴史の中で突然変異的に出現したものではなく、やはり近代世界が産み落とした人種主義や社会ダーウィニズムの極点ともいいうる蛮行であった。さらに、総力戦のもとでの国民国家の強化と、同時にみられた新たな地域秩序の模索も、国民国家体制を中心に展開してきた一九世紀以来の世界秩序がゆきついた地点を示していた。

そのような意味で、第二次世界大戦は近代から現代への世界史の大きな転換を画する戦争であったということができる。近代国際体制の到達点ともいえる帝国主義支配の構造（そのもとでは、帝国主義国と植民地の関係に端的に示されるような支配―従属の体系が世界中にあまねく広がっていた）が揺らぎ始めたのが第一次世界大戦であり（脱植民地化過程の端緒）、それから「危機の二〇年」をへて第二次世界大戦までの三〇年間は、近代国際体制が崩れていく転換期・変貌期であった。第二次世界大戦は、この転換をしめくくる戦争だったのである。

人類は、膨大な犠牲を生んだこの転換期を体験することによって、さまざまに異なる人々の相互の差異を前提にしての共生と、永続的平和とを実現しようとする努力を強めることになった。とはいえ、現代の世界がそのような方向に十分進んでいないことは事実である。植民地としての位置から政治的に独立した諸国のうち、経済が停滞したり後退している国も多く、実質的な支配―従属関係は今なお強く残っている。そして最近ではグローバリゼーションの波が弱者をいっそう苦しめる状況が生じてきている。また、地域紛争や内戦のもとで、平和な生活の恩恵を享受しえていない人々もきわめて多い。国民国家体制のもとでの総力戦として戦われた第一次世界大戦や第二次世界大戦と質的に異なる新たな形態の戦争が広がりつつある、との見解も出されてきている。

しかし、三度目の世界大戦をひきおこしたくないという気持ちが、人々の幅広いコンセンサスとなっていることもまた確かである。あまりにも大きな破壊力を手に入れた人類は、広く世界を殺傷の場として人類全滅の危機をもたらすような愚行を繰り返すまいとする姿勢を固めてきた。さまざまな問題と矛盾が存在しているとはいえ、第二次世界大戦が終結して以降の現代世界の歩みは、人類のこのような姿勢を前提としてきたのである。冷戦は一部の論者がいうような「長い平和」の期間ではなく、冷戦期には幾多の戦争や紛争が起こり、核戦争につながりかねない危機も存在したが、世界大戦に近づくような紛争の拡大は確かに抑止された。世界をより平和な場へと近づけていくためには、こうした姿勢の深化が求められ、第二次世界大戦の歴史的意味を問うことは、まさにそのために重要でありつづける。本書の冒頭で触れた、戦争の追憶をめぐる闘争は、広く人類がこれから歩んでいく方向に関わる闘争なのである。

あとがき

筆者が生まれたのは一九四六年の秋、第二次世界大戦での日本の敗戦から一年以上がたったときである。したがって、筆者は第二次世界大戦を直接には体験していない。しかし、戦後の同じころに生まれた多くの人々と同様、幼い頃にはさまざまな形で大戦の話に接することがあった。子供のときの鮮明な記憶の一つは、街角のそここに見られた傷痍軍人の姿である。

いま、このあとがきを書くに際して、自分にとってそのような関係にあった第二次世界大戦に、学問的関心を抱きはじめたのがいつであったかを考えてみたが、はっきりとは思い出せない。確かなのは、大学の卒業論文のテーマを選ぶにあたって、すでにその関心が存在したことである。イギリスの地域研究を学部で専攻した筆者の卒業論文は、イギリスの対独宥和政策に対する反対勢力（イギリスの人民戦線運動）を対象とするものであった。

それから大学院に進み、今度はイギリスの対独宥和政策そのものを、次いで眼をアジアに転じて一九三〇年代におけるイギリスの対日政策を研究対象にすえることになった。その後、イギリス現代史、イギリス帝国史のさまざまな局面に首をつっこんでいったものの、基本的には、第二次世界大戦前史と大戦をめぐるイギリスの姿勢についての関心が、筆者の現代史研究の根底にあることに変わりはない。

この間、一九三〇年代の国際政治や、大戦期の諸問題について、いろいろな文章を書いてきた。そうした仕事を土台にしつつ、自分なりの第二次世界大戦史を叙述してみたいという気持ちは常にあったが、実際にその作業にとりかかることなく、年月が過ぎていった。したがって、筆者が歴史学研究会編『講座世界史　八　戦争と民衆』（筆者は編集委員としてこの巻の編集担当者でもあった）に「第二次世界大戦の構造と性格」という章を執筆したことをきっかけに、吉川弘文館から歴史文化ライブラリーの一冊として第二次世界大戦について執筆しないか、との打診があったとき、ほぼ二つ返事という形でお引き受けすることになったのである。

しかし、その後執筆のスピードはなかなかあがらず、二十世紀の世界史で最大の出来事であったこの大戦についての本を、二十世紀が終わらないうちに出すという、当初からの計画にもかかわらず、筆者の怠惰のために刊行は結局二十一世紀の初頭になってしまった。そのためにご迷惑をおかけした方々におわびしたい。

本書は、全体の形としては書き下ろしであるが、部分的（とりわけ「世界大戦への道」の章）には、筆者がこれまでに発表してきた本や論文に依拠したところがある。その主要なものを以下に掲げておきたい。

「日本ファシズム形成期における国際環境」今井清一ほか編『体系日本現代史　一　日本ファシズムの形成』（日本評論社、一九七八年）

「世界の岐路と一五年戦争」歴史学研究会・日本史研究会編『講座日本歴史　一〇　近代四』（東京大学出版会、一九八五年）

『日独伊三国同盟と第二次大戦』（岩波書店、一九八八年）

「ヨーロッパから見たアジア太平洋戦争」中村政則ほか編『戦後日本　占領と戦後改革　一　世界史のなかの一九四五年』（岩波書店、一九九五年）

「第二次世界大戦の構造と性格」歴史学研究会編『講座世界史　八　戦争と民衆』（東京大学出版会、一九九六年）

「危機と戦争の二〇年」樺山紘一ほか編『岩波講座世界歴史　二四　解放の光と影』（岩

波書店、一九九八年）

本書に集約される研究の過程でお世話になった方は数多く、名前は述べきれないが、やはり斉藤孝氏の名前だけはあげておきたい。名著『第二次世界大戦前史研究』（東京大学出版会、一九六五年）から、筆者はどれほど多くを学んだことであろうか。また斉藤氏は、フランスに本部を置く第二次世界大戦史国際委員会と密接な連絡をとりつつ、その日本国内委員会の創設・運営に尽力された。筆者は、一九八二年以降、氏に依頼されて日本国内委員会の事務局を担当し、今日にいたっている。その関係で八五年から五年ごとに、シュトゥットガルト、マドリード、モントリオール、オスロで国際委員会の大会に参加して、諸外国の第二次世界大戦史研究者と接することができた。本書を著すことで、斉藤氏の学恩に若干でも報いることができれば幸いである。

二〇〇〇年一一月

木畑洋一

参考文献

＊欧文文献は著者名のアルファベット順、邦訳を含む日本語文献は著者名の五十音順。

〔事　典〕

Dear, I. C. B. (ed.), *The Oxford Companion to the Second World War* (Oxford / New York : Oxford University Press, 1995)

Perret, Brian / Ian Hogg, *Encyclopedia of the Second World War* (Harlow, Essex : Longman, 1989)

〔著　書〕

Ferro, Marc, *Questions sur la IIe guerre mondiale* (Firenze : Caserman, 1993)

Finney, Patrick (ed.), *The Origins of the Second World War* (London / New York : Arnold, 1997)

Marwick, Arthur (ed.), *Total War and Social Change* (Basingstoke / London : Macmillan, 1988)

Milward, Alan S., *War, Economy and Society 1939-1945* (London : Allen Lane, 1976)

Overy, Richard, *Why the Allies Won* (New York / London : W. W. Norton, 1995)

Parker, R. A. C., *The Second World War. A Short History* (Oxford / New York : Oxford University Press, 1997)

Ránki, György, *The Economics of the Second World War* (Wien / Köln / Weimar : Bölau Verlag,

1993)

Weinberg, Gerald L., *A World at Arms. A Global History of World War II* (Cambridge : Cambridge University Press, 1994)

秋野　豊『偽りの同盟―チャーチルとスターリンの間―』（勁草書房、一九九八年）

荒井信一『第二次世界大戦―戦後世界史の起点―』（東京大学出版会、一九七三年）

五百旗頭真・北岡伸一編『開戦と終戦―太平洋戦争の国際関係―』（情報文化研究所、一九九八年）

石島紀之『中国抗日戦争史』（青木書店、一九八四年）

石田　憲『地中海新ローマ帝国への道―ファシスト・イタリアの対外政策一九三五-三九―』（東京大学出版会、一九九四年）

井上茂子ほか『１９３９　ドイツ第三帝国と第二次世界大戦』（同文舘出版、一九八九年）

ヴィッパーマン、ヴォルフガング（増谷英樹他訳）『ドイツ戦争責任論争―ドイツ「再」統一とナチズムの「過去」―』（未来社、一九九九年）

江口圭一『日本帝国主義史論―満州事変前後―』（青木書店、一九七五年）

岡部牧夫『十五年戦争史論―原因と結果と責任と―』（青木書店、一九九九年）

カルヴォコレッシー、Ｐ／ウィント、Ｇ／プリチャード、Ｊ（八木勇訳）『トータル・ウォー―第二次世界大戦の原因と経過―』（河出書房新社、一九九三年）

栗原　優『第二次世界大戦の勃発―ヒトラーとドイツ帝国主義―』（名古屋大学出版会、一九九四年）

栗原　優『ナチズムとユダヤ人絶滅政策―ホロコーストの起源と実態―』（ミネルヴァ書房、一九九七

年）
中央大学人文科学研究所編『日中戦争―日本・中国・アメリカ―』（中央大学出版部、一九九三年）
テイラー、A・J・P（吉田輝夫訳）『第二次世界大戦の起源』（中央公論社、一九七七年）
豊下楢彦『イタリア占領史序説―戦後外交の起点―』（有斐閣、一九七九年）
ヒルバーグ、ラウル（望田幸男他訳）『ヨーロッパ・ユダヤ人の絶滅』上・下（柏書房、一九九七年）
フライ、ノルベルト（芝健介訳）『総統国家―ナチスの支配一九三三―一九四五年―』（岩波書店、一九九四年）
細谷千博ほか編『太平洋戦争』（東京大学出版会、一九九三年）
山上正太郎『チャーチル　ド・ゴール　ルーズヴェルト―ある第二次世界大戦―』（社会思想社、一九八九年）
山上正太郎『二つの世界大戦―サラエボからヒロシマまで―』（社会思想社、一九九五年）
歴史学研究会編『講座世界史　八　戦争と民衆』（東京大学出版会、一九九六年）
渡辺和行『ホロコーストのフランス―歴史と記憶―』（人文書院、一九九八年）

著者紹介

一九四六年、岡山県に生まれる
一九七〇年、東京大学教養学部教養学科卒業
現在、東京大学教授

主要編著書
支配の代償―英帝国の崩壊と「帝国意識」―　日独伊三国同盟と第二次大戦　帝国のたそがれ―冷戦下のイギリスとアジア―　国際体制の展開　大英帝国と帝国意識〈編〉

歴史文化ライブラリー
114

第二次世界大戦
現代世界への転換点

二〇〇一年(平成十三)三月一日　第一刷発行

著　者　木《き》畑《ばた》洋《よう》一《いち》

発行者　林　英　男

発行所　株式会社　吉川弘文館
東京都文京区本郷七丁目二番八号
郵便番号一一三―〇〇三三
電話〇三―三八一三―九一五一〈代表〉
振替口座〇〇一〇〇―五―二四四
印刷＝平文社　製本＝ナショナル製本
装幀＝山崎　登

歴史文化ライブラリー

1996.10

刊行のことば

現今の日本および国際社会は、さまざまな面で大変動の時代を迎えておりますが、近づきつつある二十一世紀は人類史の到達点として、物質的な繁栄のみならず文化や自然・社会環境を謳歌できる平和な社会でなければなりません。しかしながら高度成長・技術革新にともなう急激な変貌は「自己本位な刹那主義」の風潮を生みだし、先人が築いてきた歴史や文化に学ぶ余裕もなく、いまだ明るい人類の将来が展望できていないようにも見えます。このような状況を踏まえ、よりよい二十一世紀社会を築くために、人類誕生から現在に至る「人類の遺産・教訓」としてのあらゆる分野の歴史と文化を「歴史文化ライブラリー」として刊行することといたしました。

小社は、安政四年（一八五七）の創業以来、一貫して歴史学を中心とした専門出版社として書籍を刊行しつづけてまいりました。その経験を生かし、学問成果にもとづいた本叢書を刊行し社会的要請に応えて行きたいと考えております。

現代は、マスメディアが発達した高度情報化社会といわれますが、私どもはあくまでも活字を主体とした出版こそ、ものの本質を考える基礎と信じ、本叢書をとおして社会に訴えてまいりたいと思います。これから生まれでる一冊一冊が、それぞれの読者を知的冒険の旅へと誘い、希望に満ちた人類の未来を構築する糧となれば幸いです。

吉川弘文館

〈オンデマンド版〉
第二次世界大戦
現代世界への転換点

歴史文化ライブラリー
114

2017年（平成29）10月1日　発行

著　者　木《き》畑《ばた》洋《よう》一《いち》
発行者　吉川道郎
発行所　株式会社　吉川弘文館
〒113-0033　東京都文京区本郷7丁目2番8号
TEL　03-3813-9151〈代表〉
URL　http://www.yoshikawa-k.co.jp/

印刷・製本　大日本印刷株式会社
装　幀　清水良洋・宮崎萌美

木畑洋一（1946～）

ISBN978-4-642-75514-6